4125

DAS KLEINE

PIZZA LEXIKON

Zutaten · Herstellung · Rezepte

Tobias Pehle

DÖRFLER·VERLAG

Alle in diesem Buch enthaltenen Angaben, Vorschläge, Rezepte etc. wurden von den Autoren nach bestem Wissen erstellt und von ihnen und dem Verlag mit größtmöglicher Sorgfalt überprüft. Gleichwohl sind inhaltliche Fehler nicht vollständig auszuschließen. Daher erfolgen die Angaben etc. ohne jegliche Verpflichtung oder Garantie des Verlags oder der Autoren. Eine Haftung der Autoren und des Verlags für Personen-, Sach- und Vermögensschäden ist ausgeschlossen.

Im Internet finden Sie unser Verlagsprogramm unter:
www.doerfler-verlag.de

Inhalt

Die große Welt der Pizza

Eine Liebeserklärung an die Pizza

Es gibt sie wirklich, die kleinen Dinge, die die Welt einen und die man rund um den Globus, quer durch alle Schichten und Altersklassen, schätzt und liebt. Und eines dieser Dinge ist die Pizza. Dieses eigentlich sehr einfache Gericht, das nur auf etwas Wasser, Mehl und Hefe beruht, scheint den Geschmack der Menschheit so universell zu treffen wie kaum ein anderes.

Faktisch und wissenschaftlich lassen sich dafür viele Gründe aufzählen wie beispielsweise derjenige, dass man die Pizza so hervorragend auf die jeweiligen kulinarischen Traditionen hin anpassen kann. Aber Pizzafreunde lieben Pizza nicht wegen irgendwelcher Traditionen oder anderer Fakten: Sie lieben Pizza, weil sie einfach köstlich schmeckt. Und das ist in erster Linie eine Frage von Gaumen und Herz und nicht so sehr von Geist und Verstand.

Dieses kleine Lexikon versteht sich daher auch nicht als wissenschaftliches Werk, sondern als eine kleine kulinarische Liebeserklärung an das belegte Fladenbrot. Es geht nicht darum, die Pizza von allen Seiten aus faktisch zu beleuchten und zu untersuchen, sondern darum, den Spaß an der Pizzaküche, ihren vielfältigen Möglichkeiten und den unendlich vielen Rezepten erlebbar zu machen. Und es steht nicht etwa trockene Theorie, sondern echte Pizza-Praxis im Vordergrund.

Im ersten Teil des Buches geht es deshalb um die Grundlagen der Pizza-Küche: von der Zubereitung des Teigs über die verschiedenen Saucen bis hin zu den beliebtesten Belägen. Der zweite, weitaus umfangreichere Teil widmet sich dann ganz den Rezepten. Hier wird derjenige, der schon immer einmal wissen wollte, wie man eine echte „Napoli" oder „Caprese" backt, genauso fündig wie derjenige, der in seiner Pizzaküche neue und bislang unbekannte Geschmacksrichtungen ausprobieren möchte. Zum Schluss wirft der Titel dann einen kleinen Blick über den Pizza-Tellerrand auf die internationalen Varianten, allen voran auf die türkische Pizza und den Elsässer Flammkuchen.

Aber ganz gleich, ob der italienische Klassiker oder die französische Variante – die rund 100 ausgesuchten Rezepte eint eines: sie schmecken alle ausgezeichnet. Gleichwohl präsentieren sie ganz unterschiedliche Geschmacksrichtungen: von eher feinen Kombinationen mit Lachs und Spinat über Deftiges à la mexikanischem Chili bis hin zur eher fruchtig-süßen Richtung mit Mandarinen oder Ananas.

Und genau in dieser Vielfalt liegt auch ein Stückweit die Faszination der Pizza, die sich eben nicht mit ein paar einfachen Worten einfangen lässt. Man muss sie schmecken und erleben. In diesem Sinne:

Guten Appetit!

Die Welt der Pizza

Pizza-Geschichte

Wer hat's erfunden?

Es ist wohl einer der größten kleinen Irrtümer der kulinarischen Welt – zu glauben, dass die Italiener die Pizza erfunden haben. Dies lässt sich nämlich ebenso wenig beweisen, wie ein bestimmtes Datum für die „Erfindung" der Pizza. Ein genauerer Blick in die Kulturgeschichtsbücher zeigt,

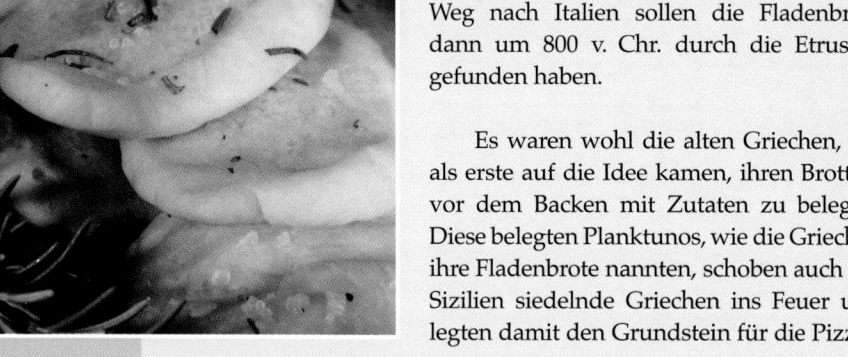

dass die heutige Form der Pizza das Ergebnis einer überaus langen Entwicklung ist: Sie geht nämlich offensichtlich auf belegte Fladenbrote zurück, die schon vor Jahrtausenden gebacken und verzehrt wurden, z.B. von den alten Ägyptern und Persern. Den Weg nach Italien sollen die Fladenbrote dann um 800 v. Chr. durch die Etrusker gefunden haben.

Es waren wohl die alten Griechen, die als erste auf die Idee kamen, ihren Brotteig vor dem Backen mit Zutaten zu belegen. Diese belegten Planktunos, wie die Griechen ihre Fladenbrote nannten, schoben auch auf Sizilien siedelnde Griechen ins Feuer und legten damit den Grundstein für die Pizza.

Von da an war der Siegeszug der Pizza nicht mehr aufzuhalten. Bald schon gab es sie in Rom, wie der römische Chronist Cato der Ältere (234–149 v. Chr.) in seinen Aufzeichnungen belegt. Er beschreibt „flache Teigrundungen mit Olivenöl, Gewürzen und Honig – gebacken auf Stein."

Über die Jahre breitete sich die Zubereitungsart der Fladenbrote über das ganze Römische Reich aus – in ganz Italien, aber z.B. auch in Gallien, dem heutigen Frankreich, entstanden Varianten. Ein Beleg dafür ist der heute noch unter dem italienischen Namen Focaccia bekannte Fladen, der mit Salz und Olivenöl gebacken wird. Focaccia ist übrigens ligurischen Ursprungs und kommt in Frankreich als „Fougasse" oder „Fouace" auf den Tisch.

Die Bezeichnung „Pizza"

Um den ersten Jahrtausendwechsel nach Christus kam es dann zum Namen Pizza: Die Neapolitaner sprachen als erste von „Picea" und „Piza". Die Herkunft dieser Wörter lässt sich allerdings nicht eindeutig belegen. Sprachforscher schwanken zwischen folgenden drei Varianten:

■ **Picea:** Das ist der neapolitanische Ausdruck für „Druck" oder „Ruck". Er könnte sich auf das schnelle Einschieben und Herausziehen der Pizza in bzw. aus dem Ofen beziehen.

■ **Pita:** So lautet die arabische Bezeichnung für Brot. Und da es damals im Süden Italiens eine Menge arabischer Einflüsse gab, könnte sich „Pizza" also auch von diesem Wort abgeleitet haben.

■ **Bizzo:** So nannten die Langobarden, die im Zuge der Völkerwanderung um 500 v. Chr. aus Germanien nach Norditalien kamen, einen Bissen Brot.

Aber ganz gleich, woher sich das Wort tatsächlich ableitet: Zu Beginn des 2. Jahrtausends war die Pizza noch ein einfaches Gericht, das vorzugsweise nur mit Kräutern von einfachen Leuten verspeist wurde, die sich kaum etwas anderes leisten konnten.

Durchbruch mit Tomate

Zu dem, was wir heute unter einer Pizza ver-
stehen, fehlte damals noch eine entscheidende
Zutat: die Tomate. Die kam nämlich erst nach
Christoph Columbus' Entdeckung der neuen
Welt zunächst nach Spanien und Portugal.
Nicht zuletzt, weil das Königreich Neapel lan-
ge unter spanischer Herrschaft stand, fanden
die Tomaten ihren Weg auch nach Italien.

Im 18. Jahrhundert war es dann so weit:
Die Neapolitaner begannen, ihre Fladenbrote
mit Tomaten zu belegen – und waren damit
wohl die ersten, die eine echte Pizza backten.
Bald schon erfeute sich die Belagvariante des
Fladenbrots in der einfachen Bevölkerung
großer Beliebtheit. Und so gingen aus der
Zunft der Bäcker die „Pizzaioli" hervor, die
sich ganz auf die Pizza-Produktion speziali-
sierten und diese auf den Straßen verkauften.
Man aß die Teigvariation aus der Hand direkt
auf der Straße oder nahm sie mit nach Hause:
Lokale, die Pizzen anboten, gab es noch nicht.

Das änderte sich erste 1830: die noch heute existente Pizzeria „Port Alba" war wohl die
erste Gaststätte, in der man Pizzen an einfachen Tischen und Stühlen den Gästen servier-
te. Der Stolz darauf ist groß: In der Altstadt
Neapels prangt über der Tür in goldenen Let-

tern: „Antica Pizzeria". Unweit der Porta Alba befindet sich ein weiteres Traditionshaus, die 1889 eröffnete „Pizzeria Brandi". Und diese ist ebenfalls ganz eng mit der Pizza-Historie verbunden. Ihr wird nämlich der erste Pizza-Service zugeschrieben, und das kam so:

1789 erhielt der Pizzabäcker des Lokals, Raffaele Esposito eine Einladung an den königlichen Hof. Es hatte sich nämlich bis an die Tafeln des Adels herumgesprochen, dass im Armeleuteviertel von Neapel etwas ungemein Köstliches gebacken werde. Allerdings setzte sich zu dieser Zeit natürlich kein Edelmann – und erst recht kein Adliger – an die Tische einer einfachen Pizzeria. Stattdessen bestellten der italienische König und seine Gemahlin Margherita den Pizzabäcker Esposito in ihre Sommerresidenz Capodimonte unweit der Stadt. Denn Esposito galt als der große Meister unter den Pizzabäckern Neapels.

Esposito wählte drei Pizzen aus: eine „Matunicola" mit Schweinefett, Käse und Basilikum, eine „Marinara" mit Tomate, Knoblauch und Öl sowie eine dritte in den drei italienischen Nationalfarben: grünes Basilikum, weißer Mozzarella und rote Tomaten. Und von der war Königin Margherita überaus begeistert. Anschließend taufte der stolze Pizzaiolo seine Kreation deshalb „Pizza Margherita". Sie zählt noch heute weltweit zu den bekanntesten und beliebtesten ihrer Art.

Der internationale Siegeszug

So gut man sich in Neapel auch auf die Pizza-Produktion verstand, so lecker sie auch schmeckte und so stolz die Neapolitaner auf ihre Spezialität auch waren – außerhalb der Region interessierte sich kaum jemand für die Pizza. Und das sollte auch für viele Jahrzehnte so bleiben.

Selbst in den 1970er-Jahren gab es beispielsweise in Rom so gut wie keine Pizzerien – nur wer suchte, fand vereinzelt Pizzabäcker, die Pizzastreifen vom Blech weg auf die Hand verkauften. Wer heute also in nord- und mittelitalienischen Pizzerien auf den Speisekarten liest „nach altem Familienrezept gebacken" kann dies getrost in die Kategorie „übertriebene Marketingsprüche" packen.

Dass die Pizza ihren weltweiten Siegeszug antreten konnte, ist also nicht Italien zu verdanken. Anfang und Mitte des letzten Jahrhunderts war Süditalien eine wirklich arme Region. Und weil es kaum Arbeit und Auskommen gab, zog es viele in die weite Welt, vor allem als Auswanderer nach Amerika und als Gastarbeiter nach Deutschland. In ihren neuen Heimatländern pflegten sie ihre kulinarischen Traditionen weiter – und Findige unter ihnen eröffneten in ihrer neuen Heimat Pizzerien. Diese wurden schnell nicht nur von anderen italienischen Emigranten besucht: Vor allem auch die Einheimischen kamen auf den Pizza-Geschmack.

The American Style

So z.B. in New York. Im Herzen von Manhattan liegt Little Italy, eines der Zentren
italienischer Migranten. Hier eröffnete
1905 Gennaro Lombardi sein noch heute
bestehendes Lokal Lombardi's, die erste
Pizzeria auf amerikanischem Boden. Allerdings gab es bei Lombardis Pizzen einen
gravierenden Unterschied zum neapolita-
nischen Original: Er arbeitete mit einem
gasbetriebenen Ofen und nicht mit einem
klassischen Holzofen.

Es sollte fast 50 Jahre dauern, bis die
Amerikaner nicht nur in den Metropolen
der Ostküste, sondern auch in den Städten
des Südens und Westens auf den Pizzage-
schmack kamen. Maßgeblichen Anteil daran hatte Ike Sewell, der 1943 in Chicago
sein Restaurant Uno eröffnete. Um den Geschmack der Massen zu treffen, wandelte
er das Originalrezept ab: Der Boden wurde
dicker, die Beläge deftiger.

Die Geburtsstunde der „Chicago Deep
Dish Pizza" hatte geschlagen. Deep Dish
verweist auf die noch heute typische tiefe
Backform, die man für den besonders dicken Boden verwendet. Heute nennt man
diese klassischen amerikanischen Pizzen

auch einfach „Chicago Style" oder „American Style". Für die etwas dünneren Pizzen, die dem italienischen Original näher kommen, setzte sich später dann der Begriff „Manhattan Style" durch.

Dass die Pizza heute neben Hot Dog und Burger von den Amerikanern fast als Nationalgericht betrachtet wird, ist fünf weiteren Männern zu verdanken: Da ist zunächst der Italo-Amerikaner Frank Fiorello, der 1948 in Massachusetts die erste vorfabrizierte Pizza auf den Markt brachte. Damit wurde es erstmals möglich, auch zuhause schnell und einfach Pizza zu backen. Neun Jahre später führten dann die beiden Brüder Celentano die Tiefkühlpizza zur Marktreife. 1958 hatten zudem zwei weitere Brüder eine

Millionen-Idee: In Wichita, Kansas, eröffneten Frank und Dan Carny ihr Restaurant Pizza Hut. Das war die Geburtsstunde der gleichnamigen Kette, die die Pizza-to-go weltweit salonfähig machte und die Menschen in 99 Ländern auf den Pizza-Geschmack „American Style" brachte.

Europa kommt auf den Geschmack

In Europa tickte die Pizza-Uhr etwas langsamer. Vor allem im Zuge des deutschen Wirtschaftswunders der 1960er-Jahre kamen viele süditalienische Gastarbeiter über die Alpen. Und wie 40 Jahre zuvor in Amerika gründeten einige von ihnen Pizzerien in ihren neuen Heimatländern. Schnell kamen dadurch auch Deutsche, Österreicher, Schweizer, Niederländer und sogar selbst Franzosen auf den Pizza-Geschmack. In ihren Ländern eröffnete Pizzeria um Pizzeria.

Was folgte, war ein beispielloser Billard-Effekt: Die Mitteleuropäer reisten im Urlaub nach Italien, um vor allem an der Adria enttäuscht feststellen zu müssen, dass es dort einfach keine Pizzerien gab. Um der Nachfrage gerecht zu werden, eröffneten daraufhin auch in den Touristenzentren Italiens die ersten Pizzerien. Und diese besuchten nicht nur ausländische Urlauber, sondern auch italienische.

Findige unter ihnen, vom Geschmack der Pizza überzeugt, gründeten nach ihrem Urlaub Pizzerien in ihren Heimatstädten. So konnten Margherita, Capricciosa & Co innerhalb weniger Jahre neben der Pasta zum italienischen Nationalgericht avancieren.

Doch der Erfolg – vor allem in Italien – ist nicht nur dem Geschmack geschuldet. Früher war essen gehen in Italien nur etwas für Besserverdiener. Die meisten Familien konnten sich nur zu ganz besonderen Anlässen einen Restaurantbesuch leisten. Denn ein italienisches Essen bestand traditionsgemäß aus mindestens vier Gängen – und das schlug in den Restaurants tiefe Breschen ins Portemonnaie. In den Pizzerien aber konnte man auf dem Stiefel erstmals für vergleichsweise wenig Geld gut satt werden.

Das ausgezeichnete Preis-Leistungsverhältnis, das eine gute gebackene Pizza bietet, war sicherlich auch maßgeblich für den vorerst letzten großen Akt dieser kulinarischen Geschichte: Mit dem Fall des Eisernen Vorhangs hat die Pizza im Handstreich Osteuropa erobert. Ob in Russland oder Ungarn, in Tschechien, der Slowakei oder in Polen: In allen großen Städten des Ostens sind in den letzten 20 Jahren Pizzerien wie Pilze aus dem Boden geschossen. Und dank der Tiefkühlprodukte hat die Pizza mittlerweile nicht nur einen festen Platz im Gastronomiewesen gefunden, sondern auch in den heimischen Küchen.

Die perfekte Pizza

Der Teig

Verschiedene Geschmäcker

Ob dünn und knusprig, etwas dicker und nicht zu hart, ob mit dickem oder dünnem Rand: Die Vorlieben in Bezug auf die Beschaffenheit einer Pizza sind so unterschiedlich wie die zahlreichen Rezepturen, die es für die „perfekte" Pizza gibt. Auffällig ist allerdings, dass die Frage nach der perfekten Pizza zumeist mit der Beschreibung des „perfekten" Pizzabodens beantwortet wird. Der Belag scheint eine eher untergeordnete Rolle zu spielen – wenn der Teig nicht den individuellen spezifischen Vorlieben entspricht, dann kann es der Belag kaum noch „rausreißen".

Wie wichtig der richtige Boden ist, wird auch daran deutlich, dass fast jeder Profi-Pizzabäcker sein eigenes Teigrezept hat, das häufig auf alten Familientraditionen fußt. Wie alt diese Rezepte dann tatsächlich sind, sei schmunzelnd dahingestellt. Doch die Vielfalt der Rezepturen sowie die Unterschiede in den individuellen Geschmacksvorlieben zeigen, dass es die eine „perfekte Pizza" nicht geben kann.

Entscheidende Faktoren

Eine Pizza zu backen ist nicht schwer: Man nehme Mehl, Hefe und Wasser, ein wenig Salz und vielleicht noch etwas Olivenöl, mische alles zusammen und fertig ist der Pizzateig! Aber wie bei jeder kulinarischen Köstlichkeit: Der Teufel steckt im Detail.

Auch wenn sich die Teigrezepte häufig nur in Nuancen unterscheiden, so kommen doch am Ende sehr unterschiedliche Pizzen aus dem Ofen auf den Tisch. Denn es ist die Summe verschiedener Einzelfaktoren, die über das Ergebnis entscheidet. Beim Teig spielen vor allem die Art der verwendeten Zutaten sowie deren Mengenverhältnisse eine Rolle.

Die Grundzutaten

Die wesentlichen Zutaten eines Pizzateigs sind Mehl, Hefe, Wasser und Salz. In einigen Rezepten kommen auch Fett – meist in Form von Olivenöl, seltener auch Butter – und Zucker zum Einsatz. Letzterer soll den Pizzateig allerdings nicht süßen, sondern – in kleinsten Mengen zugesetzt – den Gärprozess beschleunigen.

Hefe

Hefe gilt als überaus empfindliches Lebensmittel, dem viele Hobbyköche und -bäcker mit sehr großem Respekt begegnen. Kennt man jedoch die Empfindsamkeiten dieses „Sensibelchens" und weiß mit ihnen umzugehen, so steht dem Gelingen eines lockeren Hefeteigs nichts im Wege.

Hefen kommen in der Natur in unterschiedlichen Arten vor, bei Backhefe handelt es sich um eine sogenannte Reinzuchthefe. Unter Reinzuchthefen versteht man für bestimmte Zwecke speziell gezüchtete und optimierte Hefestämme. Dazu zählen beispielsweise Weinhefe, Bierhefe und auch Back- oder Bäckerhefe. Hefen sollen ein Lebensmittel auf bestimmte Weise verändern – Backhefe ist ein Lockerungsmittel, sie lässt einen Teig „aufgehen".

Trockenhefe

Um die lange haltbare Trockenhefe herzustellen, wird frischer Hefe das Wasser entzogen. Das feinkörnige, hellbraune Granulat wird in Portionsbeuteln angeboten, die in der Regel einem Würfel Frischhefe (ca. 40 g) entsprechen. Trockenhefe muss trocken und bei Zimmertemperatur gelagert

werden. Ihr Vorteil ist, dass sie ohne Zubereitung eines Vorteigs verarbeitet werden kann, sie erspart also Zeit.

Mehl

Für den klassischen Pizzateig verwendet man üblicherweise einfaches Weizenmehl (Weißmehl), zum Beispiel Weizen-Auszugsmehl der Type 405. Dieses Mehl ist zwar ernährungsphysiologisch weniger wertvoll als Vollkornmehl, allerdings geht Hefeteig mit feinem Weißmehl besser auf. Er wird insgesamt lockerer und feinporiger. Mit Vollkornmehl gebackener Hefeteig hingegen ist schwerer – er entwickelt weniger Volumen. Verantwortlich dafür ist die im Vollkornmehl enthaltene Kleie. Daneben wirkt sich auch das Enzym Glutinase auf den Teig aus, da es den sogenannten Kleber im Mehl beeinträchtigt, der für die Teigstruktur verantwortlich ist. Wer Hefeteig dennoch mit Vollkornmehl zubereiten will, sollte es mit Weißmehl mischen.

Die auf der Packung angegebene Typennummer gibt Aufschluss über den Anteil der Mineralstoffe im Mehl. Je höher die Zahl, desto größer ist der Anteil. Mehl mit der Type 405 hat den geringsten Mineralstoffanteil, nämlich 405 Gramm auf 100 Kilogramm Mehl. Mehl hoher Type enthält wertvolle Inhaltsstoffe wie Vitamine, Ballast- und Mineralstoffe. Diese wertvollen Inhaltsstoffe befinden sich in den

Randschichten des Korns und werden bei höher-
wertigen Mehlen mit vermahlen.

Darüber hinaus unterscheidet man beim
Mehl noch die Körnung und bezeichnet ein Mehl
danach als „glatt" oder „griffig". Glattes Mehl
wie das übliche Haushaltsmehl Type 405 ist so
feinkörnig, dass es sich beim Verreiben zwischen
Daumen und Zeigefinger weich wie Staub an-
fühlt. Griffiges Mehl hingegen ist gröber vermahlen, sodass man beim Verreiben kleine Körn-
chen spürt. Es liegt in der Körnung zwischen
glattem Mehl und feinem Gries; man nennt es
auch „Dunst". Griffiges Mehl eignet sich besonders gut für elastische Teige, also auch für
Hefeteig, da es die Flüssigkeit langsamer auf-
nimmt und der Teig so während der Ruhezeit
nachsteift. Dennoch gelingt der Pizzateig auch
mit dem handelsüblichen glatten Weißmehl.

So gelingt Hefeteig

Die wichtigsten Faktoren zum Gelingen von
Hefeteig sind die richtige Temperatur der Zutaten sowie ausreichend Ruhe zum „Gehen" des
Teigs. Im Wesentlichen sollten folgende Punkte
beachtet werden:

Temperatur: Backhefepilze entwickeln sich
am besten bei einer Temperatur zwischen 25 und

32 °C. Mehr als 40 °C vertragen die Zellen nicht – sie werden abgetötet, der Teig kann nicht gelingen. Um optimale Bedingungen herzustellen, müssen neben der Hefe auch die anderen Zutaten wohl temperiert sein. Die Wassertemperatur darf bei knapp 40 °C liegen, also gut handwarm.

Vorteig: Bei Verwendung von Frischhefe wird zunächst ein Vorteig hergestellt (siehe S. 34). Dieser bleibt zunächst 15 Minuten bei Zimmertemperatur stehen.

Kneten: Nach dem ersten Gärvorgang werden die restlichen Zutaten in den Teig eingearbeitet. Nun muss die Masse zu einem glatten, elastischen Teig verknetet werden. Das braucht Zeit! Einige Küchenmaschinen haben eine entsprechende Knetfunktion, aber natürlich kann man den Teig auch auf einer bemehlten Arbeitsfläche mit den Händen verkneten. Klebt der Teig zu sehr, bestäubt man ihn zwischendurch mit weiterem Mehl. Experten empfehlen eine Knetdauer von 15 Minuten – 10 Minuten sollten es in jedem Fall sein.

Gehen lassen: Zum Gehen sollte man den Teig in der Schüssel mit einem sauberen Küchenhandtuch abdecken und ihn dann an einen warmen, zugluftfreien Ort stellen, zum Beispiel in die Nähe der Heizung. Die perfekte Temperatur zum Gehen liegt knapp unter 40 Grad.

Im Backofen: Man kann den Teig aber auch bei 50 °C Ober-/Unterhitze in den Backofen stellen; dabei sollte die Backofentür leicht geöffnet sein (einen Holzlöffel in die Tür klemmen), damit der Teig nicht zu warm wird. Der Gasherd wird drei Minuten auf höchster Stufe vorgeheizt; anschließend stellt man die abgedeckte Schüssel in den ausgeschalteten Ofen, bis sich der Teig sichtbar vergrößert hat.

Im Kühlschrank: Will man Hefeteig vorbereiten, kann man ihn über Nacht auch im Kühlschrank gehen lassen. Dazu den Teig mit einem feuchten Tuch bedecken oder mit etwas Öl einpinseln, damit er nicht austrocknet.

Auswalzen: Ein echter italienischer Pizzabäcker bringt den Teig schließlich nur mit den Händen in Form, was einem Jonglageakt gleichkommt. Und auch, wenn das Nudelholz bei Profis tabu ist: Hobbybäcker dürfen Hefeteig auch ausrollen. Vor allem Teig, der im Schnellverfahren mit Trockenhefe hergestellt wurde, darf anschließend auch noch eine Weile auf dem Backblech liegen, um sich dort noch weiter auszudehnen.

Hefeteig Grundrezept 1

Mit frischer Hefe für dicken Boden

Zutaten: 500 g Mehl • 1 Würfel Frischhefe (42 g) • 250 ml warmes Wasser • $^1/_2$ TL Salz • 6 EL Olivenöl

▬ Die Hefe in ein Schälchen bröckeln und in etwa 50 ml des warmen Wassers auflösen.

▬ Das Mehl in eine Rührschüssel geben und in die Mitte eine Kuhle drücken.

▬ Den Hefeansatz in die Kuhle gießen und vorsichtig mit Mehl vom Schüsselrand bestäuben.

▬ Den Vorteig mit einem Tuch abdecken und 15 Minuten ruhen lassen.

▬ Anschließend den Vorteig mit dem Mehl verrühren und Salz, restliches Wasser sowie Olivenöl hinzugeben. Nun den Teig mit den Knethaken des Mixers einige Minuten zu einer homogenen Masse verkneten. Anschließend den Teig auf einer mit Mehl bestäubten Arbeitsfläche

mit den Händen weiter zu einem geschmeidigen Teig kneten.

▬ Die Teigkugel zurück in die Schüssel geben, mit einem sauberen Küchentuch abdecken und an einem warmen Ort mindestens 1$^1/_2$ Stunden gehen lassen. Das Volumen sollte sich ungefähr verdoppeln.

▬ In der Zwischenzeit die Zutaten für den Belag vorbereiten.

▬ Nach dem Gehen den Teig noch einmal gut durchkneten, auf etwas Mehl ausrollen oder aber direkt in die Pizzaform(en) drücken.

Variationen

Dieses Grundrezept lässt sich auf verschiedene Arten variieren. Hier einige Vorschläge:

▬ Man kann das Weißmehl auch zum Teil oder ganz durch Vollkornmehl ersetzen. Dadurch erhält der Teig eine ausgeprägte Geschmackscharakteristik und auch eine insgesamt gröbere Textur. Je nach verwendeter Vollkornmehl-Sorte ist die Zugabe von mehr Flüssigkeit erforderlich.

▬ Einige Köche schwören darauf, das Salz erst nach dem ersten Gärprozess hinzuzugeben, da Salz grundsätzlich den Gärprozess beeinträchtigt. Zucker hingegen verstärkt den Gärprozess – daher wird in vielen Pizzateigrezepten häufig auch eine kleine Menge Zucker angegeben.

▬ Statt reinem Wasser kann man auch ein Wasser-Weißweingemisch verwenden.

▬ Statt reinem Olivenöl kann man dem Teig (Grundrezept 1) auch aromatisiertes Öl zugeben und so für Geschmacksnuancen z.B. von Rosmarin oder anderen Kräutern sorgen.

▬ Man kann den Pizzateig auch durch Zugabe von Kräutern oder Gewürzen geschmacklich variieren. Besonders passend sind mediterrane Kräuter.

■■■ Vor allem, wenn der Teig nicht als Pizzaboden verwendet werden soll, sondern z.B. für einen Pizzasnack wie kleine Brötchen oder Pizzazöpfe (siehe S. 248 ff), kann man kleine Stückchen getrockneter Tomaten oder fein gehackte Oliven untermischen.

Backt man aus dem Grundteig kleine Brötchen, so lassen sie sich mit Sonnenblumenkernen, Nüssen, Sesam oder ähnlichem variieren. Diese Zutaten kann man nicht nur auf die Panini aufstreuen, sondern auch in den Teig einarbeiten.

Tipp: Hefeteig auf Vorrat

Hefeteig lässt sich auch einfrieren: Nachdem man den Vorteig mit den weiteren Zutaten gut verknetet hat, formt man den Teig zu einem Block und wickelt ihn in Frischhaltefolie oder in einen Gefrierbeutel. Den gefrorenen Teig kann man dann später am besten über Nacht im Kühlschrank auftauen. Anschließend lässt man ihn an einem warmen Ort aufgehen und verarbeitet ihn nach Wunsch weiter. Im Tiefkühlschrank hält der Teig etwa ein halbes Jahr. Fertige Gebäckstücke friert man in abgekühltem Zustand noch frisch, also am Backtag ein. Man taut sie später bei Zimmertemperatur auf und backt sie erneut kurz auf.

Hefeteig Grundrezept 2

Mit Trockenhefe für dünnen Boden

Zutaten: 300 g Mehl • 1 Päckchen Trockenhefe (entspricht 25 g Frischhefe) • 200 ml warmes Wasser • 1 Prise Salz

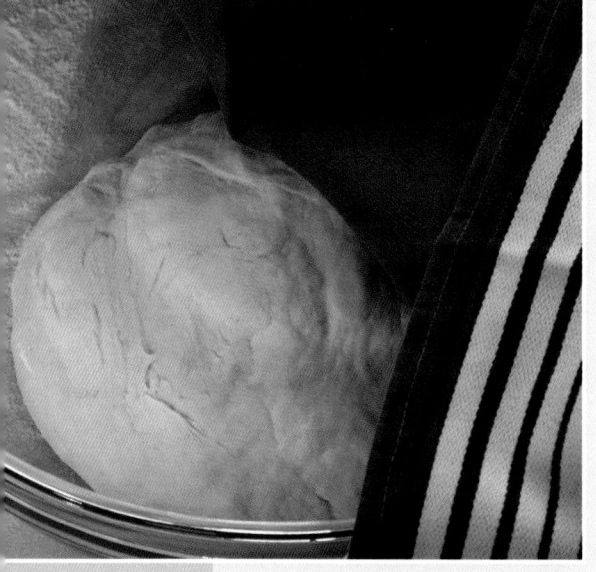

■ Mehl, Trockenhefe und Salz in einer Schüssel vermischen.

■ Das Wasser hinzugießen und alles mit den Knethaken des Mixers etwa zwei Minuten zu einer Teigkugel verarbeiten.

■ Diese anschließend auf einer mit Mehl bestäubten Arbeitsfläche mit den Händen weiter zu einem geschmeidigen Teig kneten.

■ Die Teigkugel zurück in die Schüssel geben, mit einem sauberen Küchentuch abdecken und an einem warmen Ort mindestens 1^1/$_2$ Stunden gehen lassen. Das Volumen sollte sich deutlich vergrößern.

▬▬ In der Zwischenzeit die Zutaten für den Belag vorbereiten.

▬▬ Nach dem Gehen den Teig noch einmal gut durchkneten, auf etwas Mehl ausrollen oder aber direkt in die Pizzaform(en) drücken.

Tipp: Schnelle Hefe

Auch wenn man für Hefeteig grundsätzlich Zeit braucht – in der Mikrowelle lässt sich der Gärvorgang beschleunigen: Den Teig in der Schüssel mit einem feuchten Tuch abdecken. Die Mikrowelle auf 80 bis 100 Watt einstellen und den Teig 7 Minuten darin gehen lassen. Diese Methode funktioniert auch gut bei Teig mit Trockenhefe. Anschließend kann man ihn ausrollen und auf dem Blech noch weiter gehen lassen, während man die Vorarbeiten für den Belag erledigt.

Der Ofen

Je mehr Hitze, desto besser

Der Teig schafft die Grundlage für einen gelungenen Boden – doch erst im perfekten Zusammenspiel mit dem Ofen gelingt eine gute Pizza. Dabei haben Pizzabäcker in der heimischen Küche gegenüber den Profibäckern in der Pizzeria einen gewichtigen Nachteil: Der normale Herd zu Hause schafft nicht ansatzweise die Hitze, die ein Profi-Pizza-Backofen produziert. Der schafft es nämlich auf bis zu 400 Grad Celsius – ein normaler Küchenofen hingegen kommt in der Regel meist nur auf gerade einmal 240 °C.

Das hat gravierende Auswirkungen: Durch die vergleichsweise geringe Hitze kann der heimische Ofen den Pizzaboden nicht so schnell und kross anbacken wie ein Profiherd. Das ist mit dem Anbraten von Fleisch vergleichbar: Auch hier entsteht eine schöne Kruste nur, wenn man das Fleisch zunächst bei höchster Hitze in der Pfanne brät.

Außerdem hat die geringere Hitze Auswirkungen auf die Backzeit: Reicht es in einer Pizzeria, den belegten Boden für ein paar Minuten in den heißen Ofen zu schieben, muss man zu Hause Pizzen in der Regel eine gute Viertelstunde im Ofen lassen, bevor sie durchgebacken sind. Dies wiederum kann Folgen für den Belag nach sich ziehen: Durch die längere Backzeit trocknet dieser schneller aus, und kann manchmal auch anbrennen.

Grundsätzlich gilt deshalb: Zum Pizzabacken den Ofen immer auf maximale Hitze schalten. Einige Herde haben eine sogenannte Pizza-Backstufe – damit erreicht der Backofen 250 °C. Top-Herde für die heimische Küche lassen sich sogar bis 300 Grad Celsius aufheizen – darin veringert sich die Backzeit natürlich entsprechend.

Pizzasteine

Das Backergebnis im heimischen Herd lässt sich mit einem sogenannten Pizza-Stein deutlich verbessern. Die Steine, die entweder aus Schamott (doppelt gebranntem Ton) oder Kunststein bestehen, legt man in den Ofen. Dieser wird dann vorgeheizt. Die Steine geben die Hitze weitaus besser an den Teig ab als ein Ofenblech oder -rost. Die Backzeit verkürzt sich, der Boden wird krosser.

Die Sauce

Feiner Geschmacksträger

Der Teig ist zwar die Basis einer jeden Pizza – aber ohne die entsprechende Sauce ist und bleibt er nur die Grundlage eines Fladenbrots. Die klassische italienische Pizza kommt ohne eine leckere Tomatensauce, die vor dem Backen aufgestrichen wird, nicht aus. Mittlerweile gibt es aber auch zahlreiche Rezepte, in denen andere Saucen zum Einsatz kommen, wie z.B. Béchamelsauce oder Joghurt-Dressing.

Keine Pizza ohne Tomaten

Tomaten gehören – wie der Hefeteig – untrennbar zur klassischen italienischen Pizza. Schließlich war die Urmutter aller Pizzen, die Margherita, nichts weiter als ein Hefefladen mit Tomaten. Auch wenn das Urrezept bei der Vielzahl der heute bekannten Pizza-Varianten fast banal erscheint: eine gute Margherita zu backen ist eine Kunst für sich. Denn köstliche Tomaten zu finden, die dem alten Namen – Liebesapfel oder Paradeiser – wirklich gerecht werden, ist nicht einfach.

Im Zeitalter von quadratkilometergroßen mit Plastik-planen abgedeckten Plantagen, genormten Massenkulturen und Gentechnik zeichnen sich frische Tomaten heute zwar durch ein makelloses Äußeres aus, der Geschmack lässt aber meist zu wünschen übrig: Fad, wässrig und nichtssa-gend. Sonnengereifte, vollmundige und intensiv aromati-sche Tomaten sind in den Supermärkten kaum zu finden.

Für ein charakteristisches Tomatenaro-ma einer Pizzasauce darf man daher getrost Dosentomaten verwenden, denn diese bieten fast immer das „echte", intensive Aroma in der Sonne gereifter Früchte. Doch auch bei Dosentomaten gibt es qualitative Unterschie-de. Kenner schwören gerade für Pizza natür-lich auf italienische Tomaten – als besonders hochwertige Sorte gilt San Marzano. Dies ist eine längliche, eiförmige Sorte, die nach dem Ort San Marzano in der Nähe von Salerno in Kampanien benannt ist. Diese Tomaten zeich-nen sich durch ein festes Fleisch, ausgepräg-tes Aroma, viel Süße und wenig Säure aus und eignen sich besonders gut als Dosento-maten. Diese Sorte trägt sogar eine gesetzlich geschützte Ursprungsbezeichnung (D.O.P.), die man am EU-Siegel erkennt.

Wer dennoch zu frischen Tomaten grei-fen möchte, hat theoretisch die Auswahl zwi-schen 2500 Sorten. Generell empfehlen sich Bioprodukte, denn bei ihrem Anbau steht immer der Geschmack im Vordergrund. Für Pizza sollten die Früchte möglichst festfleischig sein und einen geringen Wassergehalt aufweisen. Das können für die Pizzasauce zum Beispiel Fleischtomaten sein. Soll die Pizza unabhängig von der Sauce auch mit Tomaten belegt werden, empfehlen sich die meist besonders aromatischen Cherry- oder Cocktailtomaten. Diese kann man im Sommer gut selbst ziehen – auch im Kübel auf dem Balkon. Bekommen sie ausreichend Sonne, liefern sie über Monate köstliche Früchte.

Beim Einkauf sollte man darauf achten, dass die Tomaten fest und unbeschädigt sind. Gelagert werden sie ohne Verpackung an einem trockenen und kühlen Ort. Im Kühlschrank verlieren Tomaten ihr Aroma, die ideale Lagertemperatur liegt zwischen 10 und 13 Grad.

Dosentomaten mit Herkunftsbezeichnung

Auf guten Dosenprodukten findet sich eine Angabe zum Herkunftsort: Der jeweilige Ortsname ist zwar Nicht-Italienern meist unbekannt, aber hinter dem Ortsnamen findet sich ein Kürzel für die Provinz, in der der Ort liegt. Beispiele sind NA für Neapel, BA für Bari, oder auch SA für Salerno. Nicht nur letztere Region verspricht gute Qualität.

Beim Vorbereiten von frischen Tomaten sollte man den Stielansatz herausschneiden, da er giftiges Solanin enthält und auch beim Kochen hart bleibt. Sollen die Tomaten gehäutet werden, ritzt man ihre Haut oben kreuzweise ein und überbrüht sie mit kochendem Wasser. Sobald die Haut aufspringt, kann man die Früchte aus dem Wasser nehmen und abziehen.

Verschiedene Rezepte

Wie beim Teig gibt es auch bei der Tomatensauce nicht das eine, universell gültige Rezept. Jeder Pizzabäcker bereitet seine Tomatensauce etwas anders zu. Wichtig dabei: Die Sauce sollte möglichst perfekt zum Rezept passen. Je nach Belag kann nämlich eine milde Sauce, die sich geschmacklich dezent im Hintergrund hält, genauso gefragt sein wie eine kräftig gewürzte Sauce, die deutlich durchschmeckt. Die folgenden Seiten stellen dementsprechend drei Rezeptvarianten für Tomatensaucen vor: die klassische, eine besonders würzige und eine eher milde.

So lecker diese Saucen auch sein mögen: Nicht zu jedem Belag passt unbedingt auch der Tomatengeschmack, der mit diesen Saucen verbunden ist. Für eine ganze Reihe von

Rezepten sind andere Alternativen empfehlenswert. In der Cucina Italiana greift man alternativ auch gerne zur Salsa di Besciamella – zur klassischen Béchamelsauce. Auch sie wird vor dem Backen auf den Pizzateig gegeben.

Andere Saucen-Varianten kommen hingegen erst nach dem Backen zum Tragen, allen voran feine Joghurt-Saucen, die z.B. in Kombination mit einem Salat-Belag zur Höchstform auflaufen.

Richtig auftragen

Die Tomatensauce kann sowohl warm als auch kalt auf den fertigen Pizzaboden aufgetragen werden. Am besten benutzt man dazu einen großen Löffel oder eine Kelle: Die Sauce wird zunächst auf den Boden gegossen und dann mit der runden Unterseite des Löffels bzw. der Kelle verteilt. Profi-Pizzabäcker verteilen die Sauce mit kreisenden Bewegungen. Es muss nicht der gesamte Boden vollflächig bedeckt werden – es reicht aus, wenn ein Großteil des Teigs bedeckt wird.

Wer öfter Pizza selbst backt, kann auch größere Mengen Sauce auf Vorrat herstellen. Die Tomatensaucen halten sich gut gekühlt drei bis maximal fünf Tage im Kühlschrank. Natürlich kann man die Saucen auch gut einfrieren, am besten portionsweise für je ein Pizzarezept.

Grundrezept 1: Klassische Pizzasauce

Zutaten: 1 große Dose geschälte Tomaten (oder Tomaten in Stückchen) • Olivenöl • 1 kleine Zwiebel • Salz • Pfeffer • einige Zweige frischen Oregano (oder 1 gehäuften TL getrockneten) • Zucker

■ Die Tomaten aus dem Saft nehmen und klein schneiden. Den Saft zur Seite stellen.

■ Die Zwiebel fein würfeln und in heißem Olivenöl glasig dünsten.

■ Die Tomaten mit Saft und gehackte Oreganoblättchen hinzufügen und alles im offenen Topf bei kleiner bis mittlerer Hitze 15–20 Minuten köcheln lassen.

■ Die Sauce mit Salz, Pfeffer und 1 Prise Zucker würzen.

Grundrezept 2: Würzige Pizzasauce

Zutaten: 1 große Dose Tomaten • Olivenöl • 1 Zwiebel • 2 Knoblauchzehen • 2 EL Tomatenmark • frische italienische Kräuter nach Geschmack (Basilikum, Oregano, Rosmarin) oder 1$^1/_2$ EL getrocknete Kräuter • Salz • Pfeffer • Zucker • etwas Rotwein oder roten Balsamicoessig

▬ Die Zwiebel fein würfeln und in heißem Olivenöl glasig dünsten, Knoblauch pressen und mit dem Tomatenmark hinzufügen. Kurz anschwitzen, dann die Tomatenstücke hinzugeben.

▬ Getrocknete Kräuter jetzt zugeben und die Sauce 15 bis 20 Minuten köcheln lassen. Frische Kräuter erst nach dem Kochen der Sauce hinzufügen.

▬ Mit Salz, Pfeffer, Zucker und einem Schuss Rotwein oder Balsamessig abschmecken.

Variante: Die Sauce lässt sich mit unterschiedlichen Kräutern an die Geschmacksrichtung des Pizzabelages anpassen. Wer es insgesamt kräftig mag, kann eine italienische Kräutermischung verwenden, Rosmarin und Salbei sind jeweils ausgeprägt charakterstark und Basilikum sorgt für ein eher zartes Aroma.

Grundrezept 3: Milde Tomatensauce

Zutaten: 250 ml passierte Tomaten oder 1 Dose geschälte Tomaten • Salz • Pfeffer • 1 Prise Zucker

Für eine ganz neutrale Grundsauce, die sich dezent unterordnet, verwendet man einfach nur eine Packung passierte Tomaten, die man mit Salz, Pfeffer und einer Prise Zucker abschmeckt.

▄▄▄ Die passierten Tomaten aus der Packung in eine Schüssel geben, alternativ geschälte Tomaten mit einem Pürierstab zerkleinern.

▄▄▄ Die Tomatensauce mit Salz, Pfeffer und Zucker abschmecken.

▄▄▄ Eventuell noch einen Hauch getrocknete Kräuter oder auch frische Kräuter hinzugeben.

Grundrezept: Béchamelsauce

Zutaten: 30 g Butter • 30 g Mehl • $^1/_2$ l Milch • Salz • Pfeffer • Muskat

Butter in einen Topf geben und bei mittlerer Hitze schmelzen.

▬ Mehl hinzufügen und unter Rühren anschwitzen.

▬ Nach und nach die Milch in kleinen Mengen mit einem Schneebesen unter kräftigem Rühren hinzufügen und aufkochen lassen.

▬ Die Sauce bei milder Hitze 10 Minuten köcheln lassen, dabei immer wieder umrühren.

▬ Die Sauce mit Salz, Pfeffer und einer Prise Muskat würzen.

Varianten:
▬ Die Milch durch Brühe und Weißwein ersetzen.
▬ Kräuter nach Geschmack hinzugeben (z.B. Estragon).
▬ Eine Schalotte sehr fein würfeln und mit der Butter anschwitzen.

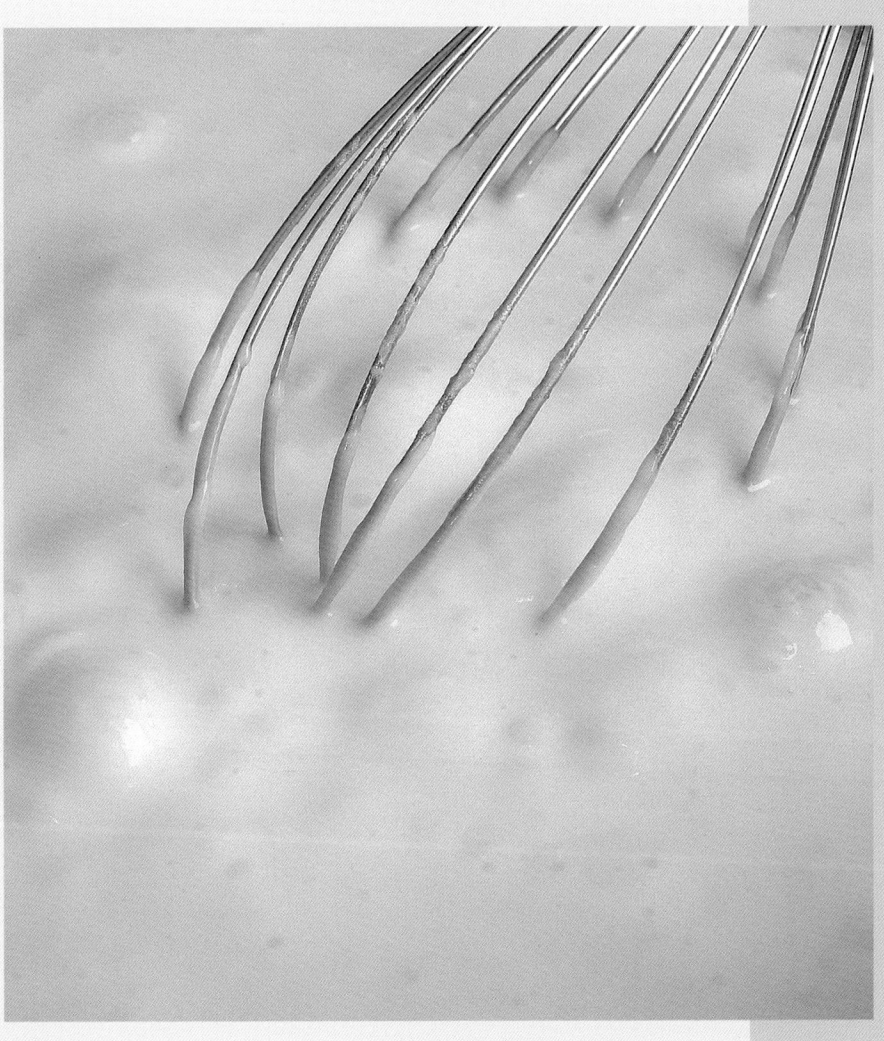

Die Kräuter

Der typische Pizza-Geschmack

Es sind die italienischen Kräuter und Gewürze, die letztendlich eine Pizza von einem anderen gebackenen Fladenbrot mit Tomatensauce unterscheiden. Und unter diesen ist eines, das man gern auch als Pizza-Kraut bezeichnet: Oregano. Es ist wesentliche Zutat jeder italienischen Kräutermischung, die außerdem fast immer Paprika, Pfeffer, Thymian sowie manchmal auch Salz und Chili enthält.

Kräuter werden in der italienischen Küche eigentlich immer und am liebsten frisch verwendet. Stets vertreten und ein Muss in der Küche sind Rosmarin, Basilikum, Salbei, Oregano und Petersilie. Wer keine frischen Kräuter zur Verfügung hat, kann natürlich auch getrocknete benutzen. Dabei darf man allerdings bei der Dosierung nicht vergessen, dass diese intensiver schmecken als frische. Übrig gebliebene frische Kräuter können auch portionsweise eingefroren werden – vorher jedoch waschen und eventuell zerkleinern.

Oregano

Oregano ist das klassische Gewürz der italienischen Küche schlechthin – ohne das buschige, blattreiche Kraut ist eine Pizza kaum vorstellbar. Es schmeckt würzig, herb-bitter, aber auch angenehm frisch. Das in der Mittelmeerregion heimische Kraut duftet intensiv und sein Aroma wird umso stärker, je mehr Sonne es ausgesetzt ist.

Die Legende besagt, dass Oregano von der griechischen Göttin Aphrodite geschaffen wurde – und zwar als Symbol der Freude. Daraufhin bekränzte man Brautpaare mit Oregano. Außerdem glaubte man, das Kraut sei ein sicheres Mittel, um die Liebe des Bräutigams zu festigen.

Der Geruch und Geschmack von Oregano wird durch die ätherischen Öle Carvacrol und Thymol bestimmt und ist dem von Majoran ähnlich. Majoran und Oregano sind sogar verwandte Arten. So wird Oregano manchmal auch „wilder Majoran" genannt. In der Küche passen diese Kräuter aber nicht sonderlich gut zusammen.

Die Blätter des Oregano können frisch oder getrocknet verwendet werden. Frischen Oregano sollte man möglichst eingeschlagen in feuchtes Küchenpapier und in einem Gefrierbeutel im Gemüsefach des Kühlschranks aufbewahren. So hält er sich auf jeden Fall drei bis vier Tage.

Majoran

Man könnte das Kraut auch als die milde Schwester des Oreganos bezeichnen. In der uritalienischen Küche – und damit auch beim Pizzabäcker – spielt der ursprünglich in Kleinasien, auf Zypern und in der Türkei beheimatete Lippenblütler so gut wie keine Rolle. Dennoch kann man Majoran hervorragend für milde Tomatensaucen auf der Pizza einsetzen.

Petersilie

Die italienische Variante der Petersilie ist nicht kraus, sondern glatt. Die mediterrane Sorte schmeckt intensiver und wird in der Küche daher häufig als Aromaverstärker eingesetzt. Trotzdem ist die glatte Petersilie aber so mild im Geschmack, dass man sie auch in größerer Menge verarbeiten kann. Da die Stängel zarter im Geschmack sind, kann man bei Pizzen, bei denen kein allzu intensives Aroma gewünscht wird, die Stängel statt der Blätter verwenden.

Rosmarin

Schon in der Antike war Rosmarin ein heiliges Kraut. Es war der Göttin Aphrodite geweiht und galt als Fruchtbarkeitssymbol; allgemein jedoch betrachtete man es als Sinnbild für Treue und Verlässlichkeit – und sein Verzehr sollte das Gedächtnis stärken.

Heute zählt Rosmarin zu den klassischen Würzmitteln der italienischen Küche. Gern unterstreicht man den Geschmack von Wild, Lamm, Schweinefleisch und Geflügel mit seinen schmalen Blättern. Ausgezeichnet passt er auch zu fruchtigem Gemüse wie Tomaten, Zucchini und Auberginen.

Die Heimat des Rosmarins ist die gesamte Mittelmeerregion, wo er immer noch wild wächst. Es ist ein immergrüner Halbstrauch, der keinen Frost mag. Die Blätter erinnern in ihrer Form ein bisschen an Tannennadeln. Rosmarin liebt die Sonne und mag es nicht zu nass – ein richtiger Südländer eben.

Rosmarin schmeckt harzig und würzig, frisch riecht er äußerst aromatisch. Getrocknet setzt man ihn nur sparsam ein, da er schnell herb und bitter schmeckt. Rosmarin gibt man entweder als Stängel zum Gericht, den man nach dem Kochen wieder entfernt, oder man zupft die Blättchen ab und hackt sie sehr fein.

Ein ganz besonderer Clou: Frische Rosmarinzweige eignen sich hervorragend als Spieße für Fleisch oder Gemüse. Das sieht gut aus und würzt gleichzeitig. Auch Rosmarin gibt es wie die anderen typisch italienischen Kräuter so gut wie in jedem größeren Supermarkt zu kaufen.

Salbei

Tortellini mit Salbeibutter, Saltimbocca und Polenta mit Gorgonzola und Salbei – das sind absolute Klassiker der Cucina Italiana. Ihren typischen Geschmack entwickeln diese Gerichte vor allem durch die Kräuterwürze des Salbeis – der ebenfalls zu den traditionellen italienischen Gewürzen zählt und sich so natürlich auch in vielen Pizza-Rezepten wiederfindet.

Salbei erkennt man an seinen ovalen und leicht behaarten Blättern, die reich an ätherischen Ölen, vor allem Thujon, sind. Die Blätter duften äußerst aromatisch und schmecken frisch, würzig und leicht bitter.

Nimmt man zuviel des guten Gewürzes, kann es fast seifig schmecken. Deshalb sollte man darauf achten, es immer sparsam zu verwenden – die Würzkraft des Salbeis ist enorm. Ein besonders volles Aroma entwickelt er vor allem, wenn man ihn direkt in Fett brät. Neben seiner Verwendung in der Küche – Salbei passt übrigens nicht nur zu Pizza, sondern auch hervorragend zu Tomaten und Kartoffeln sowie zu Hackfleisch und Geflügelfüllungen – ist Salbei aber auch für seine Heilkraft berühmt. Man denke nur an die vielen Salbeibonbons, die man bei Halsschmerzen lutscht.

Thymian

Thymian in seinen vielfältigen Sorten ist ein weiteres charakteristisches Kraut der Pizzaküche. Einige Arten haben graugrüne Blätter und einen hervorstechenden Geschmack, andere hingegen dunkelgrüne Blätter und ein flüchtigeres Aroma.

Neben dem Geschmack kommt dem Duftaroma des Thymians besondere Bedeutung zu. Prägend sind hier seine ätherischen Öle, vor allem Thymol und Carvacrol. Der Geruch ist dabei stets sehr intensiv. Während beispielsweise wilder Thymian stark-würzig und herb ist, gibt Zitronenthymian beim Erhitzen ein zart zitroniges Aroma frei.

Thymian passt hervorragend zu fruchtigen Saucen und Suppen, aber auch zu Salaten, zu Fleisch- und Kohlgerichten sowie zu Fischterrinen. Gemüsesorten wie Zucchini,

Auberginen und Tomaten werden gern mit Thymian gewürzt. Dabei reicht meist eine kleine Menge des Krauts aus, das man ohne weiteres auch längere Zeit mitkochen kann.

Basilikum

Die Heimat des Basilikums liegt in Vorderindien, aber schon zu Zeiten der Römer wurde es in Italien angepflanzt. Basilikum ist eine einjährige Pflanze mit großen, kräftig grünen, ovalen Blättern.

Je intensiver die Sonneneinstrahlung auf die Pflanzen ist, desto intensiver wird ihr Aroma. Basilikum schmeckt süßlich-würzig und angenehm pfeffrig. Dadurch verleiht es Speisen ein frisches Aroma. Die Blätter können sowohl frisch als auch getrocknet verwendet werden. Getrocknetes Basilikum erweist sich allerdings als weniger intensiv als andere Kräuter.

In der Pflanzenheilkunde und in der Chemie wurde auf alle Arten versucht, die rätselhafte Natur und die Geheimnisse des einzigartigen Geschmacks des Basilikums aufzudecken. Dabei kam man zu dem Ergebnis, dass mindestens zwanzig aromatische Komponenten seinen Duft bestimmen und diesen – je nach ihrer quantitativen Zusammensetzung – abwandeln. So hat

zum Beispiel jede Sorte ein eigenes, charakteristisches Aroma, das mal mehr an Zitrone oder mal mehr an Minze erinnern kann.

Schnittlauch

Der bekannte und beliebte Schnittlauch ist ein Verwandter der Zwiebel, im Geschmack aber erheblich feiner und milder. Er wirkt appetitanregend und verdauungsfördernd. Die grünen Halme sind nicht nur ausgesprochen dekorativ, weshalb sie oft und gern zum Garnieren benutzt werden, sondern auch sehr würzig. In feine Röllchen geschnitten verleiht dieses Würzkraut mit seinem typischen Laucharoma besonders Salaten eine pikante Note. Schnittlauch wird übrigens nicht gehackt, sondern am besten mit einem scharfen Messer geschnitten und frisch auf die Speisen gestreut. Getrocknet verwendet, verliert er erheblich an Aroma.

Dill

Der im Volksmund auch unter dem Namen Gurkenkraut bekannte Dill wird traditionell zum Würzen von eingelegten Gurken verwendet. Außerdem ist er eine beliebte Zutat zu Fischgerichten aller Art.

Die dekorativen, fein gefiederten Blättchen eignen sich auch für unzählige Salatvariationen und Dressings. Der würzige, erfrischend aromatische Geschmack des Dills geht ein wenig in Richtung Anis, Fenchel oder Kümmel. Wie die meisten frischen Kräuter sollte man auch Dill am besten frisch verwenden. Ihm wird appetitanregende, verdauungsfördernde und krampflösende Wirkung zugeschrieben.

Estragon

Das Würzkraut mit den schmalen, langen Blättern spielt besonders in den Küchen rund um das Mittelmeer eine wichtige Rolle und ist unter anderem Bestandteil vieler beliebter Kräutermischungen.

Estragon wird häufig zur Aromatisierung von Essig oder Senf verwendet. Sein charakterstarkes Aroma erlaubt es, Estragon auch allein zu verwenden – eine milde Tomatensauce beispielsweise erhält so eine ganz markante, feinwürzige Note. Vor allem getrockneter Estragon besitzt ein relativ intensives Aroma, daher sollte man ihn sparsam einsetzen.

Weitere Zutaten

Die Cucina Italiana

Pizza ist heute fester Bestandteil der italienischen Küche – und ihre Zubereitung eng an die Kochtraditionen der Cucina Italiana gebunden. So kommen auch beim Pizzabacken Lebensmittel zum Einsatz, die auf dem Stiefel auch sonst eine Hauptrolle spielen. Neben Tomaten und mediterranen Kräutern sind dies besonders Olivenöl, Knoblauch, Peperoncini und Zwiebeln.

Olivenöl

Ohne Olivenöl läuft in der italienischen Küche – wie in der gesamten Mittelmeerküche – fast gar nichts. Und weil es so beliebt ist, nennt man es auch das „flüssige Gold Italiens". Seit der Antike ist bekannt, dass Olivenöl die Gesundheit fördert. Denn im Vergleich zu tierischen Fetten wie Butter und anderen Pflanzenfetten wie Margarine ist Olivenöl wesentlich gesünder und wertvoller.

Verschiedene Arten

Olivenöl ist nicht gleich Olivenöl. Neben der Art und Qualität der verwendeten Oliven bestimmt vor allem die Art der Pressung den Geschmack und den Wert eines Öls.

In Italien greift man in der Regel nur zu extra nativem Olivenöl und verwendet dies sowohl kalt, als auch zum Kochen. Gegenüber anderen Fetten besteht sein Vorteil vor allem darin, dass es ausschließlich durch Kaltpressung erzeugt wird und keiner anderen Behandlung unterzogen werden darf.

Gesicherte Qualität

Die Produktion von Olivenölen wird in Italien genau überwacht. Besonders hohe Qualität weisen dabei die Öle mit geschützter Herkunftsbezeichnung auf. Man erkennt sie an den Schutzmarken DOP (Denominazione d'Origine Protetta – geschützte Ursprungsbezeichnung) – oder IGP (Indicazione Geografica Protetta – geschützte geografische Angabe).

Durch die angegebene Ursprungsbezeichnung sollen die typischen Eigenschaften des jeweiligen Anbaugebiets, aus denen ein extra natives Olivenöl stammt, geschützt werden.

Zu den bekanntesten geschützten Ölen zählen Brisi-
ghella, Colli del Trasimeno, Apruntino Pescarese und Val di
Mazara. Olivenöl von höchster Qualität wird ebenfalls in
zahlreichen anderen italienischen Regionen produziert: Von
Ligurien im Norden über die Toskana und Apulien bis Lu-
kanien in Süditalien.

Die Olivenöle weisen dabei je nach Herkunft mitunter
sehr unterschiedliche Eigenschaften auf. Von Gegend zu
Gegend ändern sich die grundlegenden Merkmale eines
Öls: Das Farbspektrum reicht von Strohgelb bis Grün, der
Geschmack erinnert nicht nur an frische Oliven, sondern ist
manchmal auch fruchtig oder ähnelt dem bestimmter Gemüsearten. Das Aroma kann schließlich mehr oder weniger
ausgeprägt sein.

Knoblauch

Allium sativum, so der lateinische Name von Knoblauch, gehört in die Familie der Lauchgewächse und ist daher ein enger Verwandter von Zwiebeln, Schalotten, Schnittlauch und Porree. Er ist zusammen mit der Zwiebel eine unverzichtbare Zutat vieler Gerichte der italienischen Küche.

Knoblauch ist eine etwa 70 Zentimeter hohe Pflanze, die aus einer Knolle mit einem röhrenförmigen Stiel und dünnen, langen Blättern besteht. Die Knolle wiederum setzt sich aus einer eiförmigen Hauptzwiebel und etwa 12 Nebenzwiebeln, die man Zehen nennt, zusammen.

Zum Kochen drückt man die geschälten Knoblauchzehen in der Regel durch eine kleine spezielle Knoblauchpresse. Doch es geht auch einfacher: Die schnellste Zubereitungsart ist, den geschälten Knoblauch in dünne Scheiben zu schneiden und diese dann mit Salz zu bestreuen. Das Salz weicht die Struktur des Knoblauchs innerhalb weniger Minuten auf.

Dann kann man die Scheiben ganz einfach mit einer Messerklinge zerdrücken. Dieser „Knoblauchbrei" lässt sich sehr gut in Saucen rühren und perfekt dosieren. Allerdings muss man anschließend mit dem Salzen etwas vorsichtig sein, denn das Salz im Knoblauch geht nicht verloren.

Peperoncini

Rote und grüne Chilis, auf italienisch Peperoncini, werden vor allem in Süditalien geschätzt und als Scharfmacher für nahezu alle Speisen eingesetzt – wobei die Schoten zum Teil höllisch scharf sind.

Peperoncini gehören zu den Paprikagewächsen und wurden erst nach der Entdeckung der Neuen Welt nach Europa gebracht. In Italien kultiviert man sie sogar erst seit dem 19. Jahrhundert. Und seitdem werden sie auch kulinarisch in der Cucina Italiana geschätzt.

Man unterscheidet in Italien zwischen den größeren Peperoni, den milden Gemüsepaprikaschoten, und den kleineren Peperoncini, die man als Gewürzpaprika verwendet. Vor allem in Kalabrien liebt man sie, und oft stehen hier in den Restaurants sogar getrocknete Chilis neben Pfeffer und Salz zum Nachwürzen auf dem Tisch. Und in Kalabrien gibt es nicht nur ein jährliches Peperoncini-Festival, sondern sogar ein eigenes Museum für die scharfe Schote.

Selbst einfachen Gerichten wie etwa einem Teller Pasta mit Knoblauch und Olivenöl geben Peperoncini einen besonderen Pfiff und intensivieren den Geschmack.

Zwiebeln

Die Zwiebel gehört zur Familie der Lauch-
pflanzen (Allium) und zählt zu den ältesten
Kulturpflanzen. Sie ist nicht nur wegen ihres
würzigen Aromas beliebt, sondern es werden
ihr auch heilende Kräfte zugeschrieben.
Neben ätherischen Ölen enthält sie Mineralstoffe und soll neben einer appetitanregenden
Wirkung auch die Blutfettwerte senken. Sie
verleiht Gerichten Würze und pikante Schärfe,
ist aber geschmacklich durchaus wandelbar –
in rohem Zustand schmeckt sie besonders
scharf, gedünstet wird sie süßer. Schon in
kleinsten Mengen verleihen Zwiebeln der Pizza eine pikante Würze, sie können aber ebenso gut die kulinarische Hauptrolle überneh-
men, z.B. bei einer Pizza Tonno.

Verwendet wird vorwiegend die eigentli-
che Zwiebel, nur bei den Frühlingszwiebeln
auch der Zwiebellauch. Das in Zwiebeln enthaltene ätherische Öl kann den Magen reizen,
durch Kochen, Braten oder Dünsten wird Zucker freigesetzt, wodurch der Geschmack milder wird. Zwiebeln sind äußerst kalorienarm:
100 g rohe Zwiebeln enthalten weniger als 30
Kilokalorien.

Zwiebeln werden seit über 5000 Jahren
kultiviert, zunächst in Zentralasien, später im

Mittelmeerraum von wo aus ihnen mit Hilfe römischer Legionäre der Sprung über die Alpen gelang. Sie gedeihen in wärmeren bis gemäßigten Gebieten rund um den Globus. Folgende Arten kommen in der Pizza-Küche zum Einsatz:

- Haushalts- oder Speisezwiebeln
- Gemüsezwiebeln
- Rote Zwiebeln
- Lauchzwiebeln (Frühlingszwiebeln)
- Schalotten

Einkauf und Lagerung

Zwiebeln sollten immer eine feste, trockene und glatte Schale aufweisen. Sie dürfen auf Druck nicht nachgeben und sollten weder Schimmelflecken noch Triebe zeigen. Man lagert Zwiebeln kühl und trocken, zum Beispiel im Keller. Im Kühlschrank besteht die Gefahr, dass sich der Zwiebelgeruch auf andere Lebensmittel überträgt. Die Haltbarkeitsdauer von Zwiebeln steigt mit ihrem Schärfegrad – der enthaltene „Scharfmacher", das Allylsulfid schützt sie nämlich auch vor dem Verderben. Angeschnittene Zwiebeln trocknen sehr schnell aus und verlieren ihre Vitamine, deshalb sollte man sie schnell verbrauchen.

Der Käse

Das geschmackliche I-Tüpfelchen

Pizza ohne Käse – das wäre wie eine Suppe ohne Salz. Der Käse ist es nämlich, der dem belegten Hefeteig sein geschmackliches I-Tüpfelchen aufsetzt. Je nach verwendeter Sorte kann er beispielsweise nur sehr dezent zu schmecken sein oder aber auch – als kräftige Variante – den Geschmack

der gesamten Pizza dominieren. Grundsätzlich unterscheidet man dabei Käsesorten, die allein zum Überbacken genutzt werden, von solchen, die selbst als Belag zum Tragen kommen – wie zum Beispiel bei der Quattro Formaggi.

Wie bei der Pizza generell bevorzugt man auch beim Griff zum Käse vor allem italienische Produkte, allen voran den Pizza-Käse-Klassiker schlechthin: Mozzarella. Grundsätzlich eignen sich aber alle Käsesorten, die sich auch ansonsten in der Küche zum Überbacken anbieten. Besonders häufig – auch in Profi-Pizzerien – verwendet man Gouda, sicherlich nicht zuletzt auch, weil er in der jungen Variante besonders preiswert ist.

Für ein besonders intensives Geschmackserlebnis sorgt Gorgonzola – er drückt als Belag gleich einer ganzen Reihe beliebter Pizzarezepte seinen geschmacklichen Stempel auf. Aber auch hier gilt: Man kann auch gut zu anderen Schimmelpilz-Käsesorten greifen, um eine Pizza zu belegen.

Käse kann zudem eine entscheidende Zutat sein, wenn man einer Pizza eine bestimmte Richtung verleihen möchte. Ein gutes Beispiel ist hier Feta, der sich hervorragend für Pizzarezepte eignet, die geschmacklich an der griechischen Küche orientiert sind.

Mozzarella

Dieser uritalienische Käse soll es gewesen sein, der Königin Margeritha einst die Pizza so gut hat schmecken lassen und damit dem Siegeszug der Pizza den Weg bereitete. Es ist eine Art Frischkäse, der durch seine spezielle Herstellungsart zu den Filata-Käsesorten zählt. Der Käsebruch wird nach einer kurzen Reifezeit aus der Molke gehoben, erhitzt und dann unter Rühren und Kneten zu einer teigartigen Masse verarbeitet.

Mozzarella wird, weil es keine geschützte Herkunftsbezeichnung gibt, heute weltweit produziert. Dabei gibt es erhebliche qualitative und geschmackliche Unterschiede.

Preiswerter Mozzarella wird in der Regel aus Kuhmilch her-
gestellt und weist einen Fettanteil von ca. 45 % auf. Dieser
Käse ist relativ geschmacksarm. Ganz anders sieht es bei
Büffelmozzarella aus, der meist einen Fettanteil von 50 %
aufweist. Er hat einen deutlich intensiveren Geschmack als
Kuhmilchmozzarella.

Büffelmozzarella ist die ursprüngliche Form dieses Käses, der – wie die Pizza – aus der Gegend um Neapel sowie
aus Kampanien stammt. Seit 1999 gibt es eine geschützte
Bezeichnung für den „originalen" Büffelmozzarella aus dieser Region Italiens, den „Mozzarella di bufala Campana".
Man erkennt ihn am Schriftzug auf den Verpackungen.

Mozzarella wird in der Regel in
Kugelform und in Salzlake eingelegt
angeboten. Es gibt ihn allerdings auch
in zahlreichen anderen Varianten – in
Pizzerien verarbeitet man z.B. große
Mengen als Stangenware. Für das Bestreuen von Pizzen gibt es bereits geriebenen Mozzarella in Tüten. Dabei
handelt es sich meist um relativ ge-
schmacksneutralen Kuhmilch-Moz-
zarella.

Für die Verarbeitung auf Pizza
lässt man eingelegten Mozzarella zunächst gut abtropfen. Dann schneidet
man ihn in Scheiben oder Würfel, um
die Pizza damit locker zu belegen.

Gouda

Diese ursprünglich holländische Käsespezialität zählt zu den beliebtesten ihrer Art weltweit. Sie stammt aus dem niederländischen Städtchen Gouda nordöstlich von Rotterdam, wo sie bereits seit über 800 Jahren hergestellt und gehandelt wird. Den Käse in Form eines Wagenrads gibt es in vier Reifegraden, die sich auch optisch unterscheiden:

- jung: vier bis sechs Wochen alt, hell und mild
- mittelalt: drei bis sechs Monate gereift, dunkelgelb und kräftig
- dreiviertelalt: sechs bis acht Monate alt, noch etwas dunkler und pikanter als der mittelalte Gouda
- alt: alle Gouda-Arten, die länger als acht Monate gereift sind. Sehr dunkel in der Farbe und äußerst kräftig im Geschmack mit bröckeliger Struktur.

Zum Überbacken von Pizza kommt fast ausschließlich junger Gouda zum Einsatz. Er ist wesentlich preiswerter als Mozzarella und ähnlich wie Kuhmilchmozzarella nicht besonders geschmacksintensiv, was ihn vor allem für Pizzen prädestiniert, bei denen sich der Käsegeschmack dezent im Hintergrund halten soll.

Pizzakäse

In den Kühlregalen vieler Supermärkte finden sich Tüten mit geriebenem Käse, der als Pizzakäse gekennzeichnet ist. Dabei handelt es sich nicht um eine bestimmte Käsesorte, sondern häufig um Mischungen verschiedener geriebener Käsesorten. Wer einen bestimmten Geschmack bevorzugt, sollte genau hinschauen: Mischungen aus Tilsiter und Edamer sind kräftiger im Geschmack als beispielsweise solche aus Edamer und Gouda. Oft wird auch junger Gouda allein als Pizzakäse angeboten, ebenso wie bereits geriebener Mozzarella. Die beiden letztgenannten Sorten gibt es auch als Mischung. Sie sind dezent und passen sich geschmacklich allen Pizzavarianten an.

Parmigiano Reggiano

Dieser auch kurz Parmesan genannte Hartkäse ist wohl der bekannteste italienische Käse. Er ist ein halbfetter (32 % Fett in Trockenmasse) und extra harter Hartkäse aus Kuhmilch, der mindestens ein Jahr, meistens aber zwei oder drei Jahre reift. Der Parmigiano Reggiano zeichnet sich durch einen würzigen und pikanten, aber keinesfalls scharfen Geschmack aus. Seine Herkunft ist die Emilia Romagna.

Parmesan ist wichtiger Bestandteil der italienischen Küche und kommt so vor allem bei Pizza-Rezepten, die bewusst auf Klassiker der Cucina Italiana Bezug nehmen, zum Einsatz – z.B. in der Kombination mit Parmaschinken. Parmesan wird nicht mit gebacken, sondern kommt kurz vor dem Servieren auf die Pizza, entweder in dünne Scheiben gehobelt oder grob gerieben.

Grana Padano

Dieser Käse ist dem Parmesan sehr ähnlich und eignet sich ebenfalls hervorragend als Reibkäse zum Würzen einer Pizza. Grana Padano wird aus Kuhmilch hergestellt und ist mild, leicht säuerlich und aromatisch im Geschmack. Der Fettgehalt beträgt 32 % Fett i.Tr. Auch er stammt aus der Emilia Romagna, wird aber auch in der Lombardei und im Piemont hergestellt. Da er preiswerter als Parmesan ist, kann man ihn auch als Ersatz für diesen verwenden. Auch er kommt nachträglich auf die fertige Pizza.

Gorgonzola

Dieser weltweit geschätzte Blauschimmelkäse aus Kuhmilch ist weich und vollfett (48 % Fett i.Tr.). Als junger Käse trägt er den Beinamen „dolce". Er schmeckt zwar schon würzig und pikant, besitzt aber noch eine dezente, süße Note. Diese verliert er mit zunehmender Reife. Der Käse wird dann kräftiger im Geschmack und hat eine eher säuerliche Note.

Gorgonzola, der ursprünglich aus dem gleichnamigen lombardischen Dorf nördlich von Mailand stammt, wurde schon vor 1000 Jahren hergestellt. Heute wird er aber auch in der Lombardei und im Piemont produziert.

Fertig-Pizza

Die Quick & Easy-Varianten

Einfach und schnell mal eben eine Pizza zubereiten – das geht mit Fertigprodukten absolut problemlos. Zwei Varianten stehen zur Wahl: der Griff zur Tiefkühlpizza oder der zum Pizza-Fertigteig.

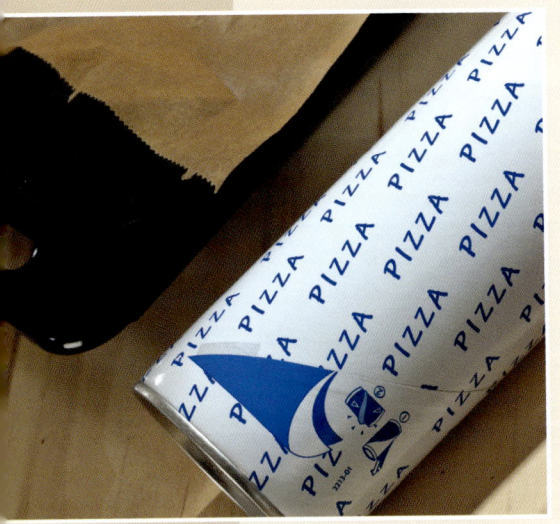

Pizza-Fertigteig

Wenn etwas wirklich Mühe beim Pizzabacken macht, dann die Teigzubereitung. Damit dieser sich optimal im Backofen backen lässt, ist nicht nur etwas Kocherfahrung beim Umgang mit Mehl und Hefe sowie bei der Herstellung von Teig erforderlich: Inklusive Kneten und Gärenlassen braucht die Zubereitung einfach Zeit – eben mal schnell geht's hier also nicht. Und: Die Herstellung und das Auswalzen des Teigs – inklusive dem Abstäuben der Arbeitsfläche mit Mehl – bringt am Ende Spül- und Putzarbeit mit sich.

Das alles lässt sich mit einem Fertigteig aus dem Supermarkt vermeiden. Nach dem Öffnen der Verpackung muss dieser einfach nur auf einem Backblech, belegt mit Backpapier, ausgerollt werden und schon ist die Zubereitung des Teigs erledigt. Geschmacklich fallen Markenprodukte hier kaum gegen einen selbstgemachten Teig ab – im Gegenteil: ähnlich wie bei Blätterteig hat man hier meist die Gewähr, dass der Pizzaboden gut gelingt.

Wer es besonders einfach mag, greift gleich zu einem Pizza-Kit: Dieses umfasst nicht nur den Fertigteig, sondern auch eine vorgewürzte Tomatensauce, die nur noch auf dem ausgerollten Teig verteilt werden will. Außerdem gehört Pizzakäse zum Bestreuen zum Inhalt der praktischen Kits.

Tiefkühl-Pizza

So sehr die Kits das Pizzabacken auch vereinfachen mögen: Belegen muss man die Pizza noch selbst. Das ist bei Tiefkühlpizza anders: Hier gibt es ein breites Sortiment – vom bekannten italienischen Klassiker über amerikanische Varianten bis hin zur türkischen Pizza (siehe auch Seite 276). Einfach aus der Verpackung nehmen, Ofen vorheizen und backen – fertig ist das Pizzavergnügen.

In der Regel können solche Pizzen allerdings geschmacklich nicht mit einer selbst hergestellten und frisch belegten Pizza mithalten. Die Fairness gebietet allerdings auch festzuhalten, dass es erhebliche Qualitätsunterschiede bei den Tiefkühl-Pizzen gibt und es einige Hersteller durchaus verstehen, geschmacklich annehmbare Produkte zu produzieren.

Beim Kauf lohnt vor allem ein Blick auf die Zutatenliste. Ein besonderes Augenmerk sollte man auf den verwendeten Käse legen: Viele Tiefkühlpizzen sind nämlich nicht mit einem echten Molkereiprodukt belegt, sondern mit einem künstlich hergestellten Ersatzkäse. Diese Produkte sind in verschiedener Hinsicht umstritten. Aus ernährungswissenschaftlicher Sicht ist dies aber der einzige Nachteil von qualitativ hochwertigen Fertigpizzen: In Bezug auf die Nährwerte – z.B. den Vitamingehalt von Gemüse – stehen die Tiefkühlpizzen anderen kaum nach.

Der Belag

Fast alles ist möglich

Kulinarische Welt ohne Grenzen

Die weltweite Beliebtheit der Pizza hat einen simplen Grund: Sie lässt sich ganz hervorragend mit allen Formen von Kochtraditionen und Geschmacksvorlieben kombinieren. Ganz gleich, ob man deftiges Fleisch oder vegetarische Küche, einen mediterranen oder asiatischen Einschlag, eine sättigende oder eine leichte Variante bevorzugt – in der Welt der Pizza findet sich für jeden Genießer eine passende Alternative. Oder anders ausgedrückt: der richtige Belag.

Bei den Zutaten scheint es keine kulinarischen Grenzen zu geben: Alles ist möglich von scharf bis süß, von fett bis fruchtig, von deftig bis dezent. Verarbeitet werden kann fast alles, was auch sonst in der Küche in den Kochtöpfen zu finden ist: von Fleisch über Fisch bis hin zu Früchten. Wichtig ist allerdings die richtige Zubereitung. Hier gibt es erhebliche Unterschiede. Zwar kommen die meisten Zutaten roh auf die Pizza – allerdings nicht jede von Anfang an. Eine ganze Reihe wollen zuvor gebraten, blanchiert oder mariniert werden.

Gemüse

Die geschmackliche Basis

So unterschiedlich die Pizza-Rezepte auch sein mögen – bei der Mehrzahl der Beläge spielt Gemüse eine Hauptrolle. Und das aus gutem Grund: Gemüse sorgt für geschmackliche Frische, für gesunde Nährstoffe und optische Attraktivität. Die meisten Gemüsesorten können ohne große Vorbereitung roh auf die Pizza gelegt werden. Einige Sorten wollen jedoch zunächst blanchiert, andere gewürzt oder gekocht werden. Hier ein kleiner Überblick über die wichtigsten Gemüsearten in der Pizzaküche:

Artischocke

Von der Artischocke kennt man vor allem die sogenannten Herzen – dabei handelt es sich um die Böden von Artischockenblüten. Diese sind der wesentliche essbare Teil der Artischocke, einer Distelart, die schon seit dem Mittelalter vor allem im Mittelmeerraum angebaut wird. Das edle Gemüse mit einem leicht herb-bitteren Geschmack ist nicht nur delikat, sondern auch ausgesprochen gesund. Die Böden großer Artischockenblüten werden aus der Blüte herausgelöst und als feines Gemüse zubereitet oder auch eingelegt. Als Pizzabelag bieten sich diese eingelegten Böden an, da die frische Zubereitung sehr aufwändig ist. Es gibt sie im Glas oder in der Dose.

Aubergine

Die auch Eierfrucht genannte Aubergine ist aus der mediterranen Küche bekannt – z.B. aus dem griechischen Auflauf Moussaka oder dem französischen Gemüseeintopf Ratatouille. Die Früchte enthalten einen bitteren Saft, denen man ihnen entzieht, indem man sie in Scheiben schneidet, mit Salz einreibt und etwa 20 Minuten stehen lässt. In dieser Zeit „schwitzen" sie die bittere Flüssigkeit aus, die dann abgewaschen wird. Anschließend tupft man die Fruchtscheiben mit Küchenpapier ab. Durch den Flüssigkeitsentzug wird das Fruchtfleisch zugleich etwas fester und nimmt beim Braten weniger Fett auf. Ob man diesen Aufwand für Auberginen als Pizzabelag betreiben möchte, hängt nicht zuletzt auch von der Empfindlichkeit der eigenen Geschmacksnerven ab – einige Pizzabäcker schneiden die Auberginen auch direkt auf die Pizza.

Fenchel

Die Gemüseknolle mit feinem Anisaroma wird gern in der italienischen Küche verwendet. Fenchel ist zwar kein typisches Pizza-Gemüse, kann aber eine Gemüsepizza geschmacklich sehr bereichern. Am besten schneidet man die Knolle in schmale Streifen und blanchiert sie wenige Minuten, bevor man sie auf die Pizza gibt.

Kartoffeln

Sollen Kartoffeln als Belag auf die Pizza, bereitet man sie so wie für ein Gratin vor: Man schneidet sie in dünne Scheiben, legt sie nebeneinander oder ziegelförmig auf den Pizzaboden und gibt am besten etwas Käse darüber. Gut in Form bleiben festkochende Sorten.

Brokkoli & Romanesco

Der grüne Verwandte des Blumenkohls, Brokkoli, ist nicht nur leichter bekömmlich als Blumenkohl, sondern zeichnet sich auch durch einen deutlich höheren Anteil an Vitaminen (vor allem C und A) sowie Spurenelementen aus. Im Supermarkt wird er meist in Frischhaltefolie verpackt angeboten, diese sollte man erst unmittelbar vor dem Verbrauch entfernen. Brokkoli ist nur wenige Tage haltbar und sollte als Pizzazutat immer kurz blanchiert werden: Dazu kleine Röschen abteilen und diese etwa 3 Minuten in kochendes Salzwasser geben. Anschließend eis-

kalt abschrecken und gut abtropfen lassen. Auch die Stiele kann man verwenden: Man schält sie dünn und schneidet sie in Scheiben oder dickere Stücke.

Auch der hellgrüne Romanesco ist ein farbiger Verwandter des Blumenkohls. Die Blütenknospen sind bei ihm zusammengewachsen und stehen wie kleine gezwirbelte Türmchen vom Kopf ab. In einigen Ländern wie Frankreich oder Italien ist er recht beliebt und häufig anzutreffen, in anderen Regionen Europas eher weniger. Man bereitet ihn wie Blumenkohl zu und blanchiert für die Pizza auch zunächst wieder kleine abgeteilte Röschen.

Lauch

Lauch – mancherorts auch Porree genannt – gehört zur Zwiebelfamilie, ist im Geschmack allerdings zarter und milder. Je nach Jahreszeit unterscheidet man Sommer-, Herbst- und Winterlauch. Er eignet sich ausgezeichnet zum Überbacken, besonders passend ist die Kombination mit Schinken und einem kräftigen Käse. Man sollte vorzugsweise die weißen Teile und nicht die dicken grünen Blattenden des Lauchs verwenden und schneidet ihn entweder in größere Stücke oder in feine Ringe. Nach dem gründlichen Waschen und Schneiden der Stangen blanchiert man das Gemüse kurz oder dünstet es an, bevor man es auf die Pizza legt.

Mais

Mais passt sich gut den verschiedensten anderen Gemüsen und Fleischbelägen an und eignet sich so sehr gut als Belag für Pizza. Am einfachsten ist es, den vorgegarten und sehr aromatischen Gemüsemais aus der Dose zu verwenden, denn das spart Arbeit und Zeit.

Mangold

Von diesem Rübengewächs kommen die Blätter und Stiele in der Küche zum Einsatz. Man unterscheidet verschiedene Blatt- und Stielmangoldsorten. Blattmangold hat kleinere Blätter und schmalere Blattstiele und wird wie Spinat zubereitet. Vom Stielmangold können zarte Blätter und besonders auch die Stiele verwendet werden, die allerdings eine längere Garzeit benötigen. Wie auch Spinat sollte Mangold blanchiert werden, bevor er auf die Pizza kommt.

Oliven

Oliven gibt es in fast Tausend Sorten, die sich zum Teil erheblich in Geschmack und Aussehen unterscheiden. Der größte Anteil wird zu Öl gepresst, nur die wenigsten kommen eingelegt zum Essen auf den Markt. Während der Reife färben sich die kleinen Früchte zuerst grün, später dann meist lila bis schwarz. Wenige Sorten bleiben auch reif grün oder kupferfarben. Das Fruchtfleisch ist bei den einen Sorten sehr fest und hart, bei anderen ganz weich. Die meisten

Oliven werden in Salzlake konserviert, die häufig mit Kräutern oder Gewürzen aromatisiert ist. Welche Sorte man auf die Pizza gibt, hängt zunächst immer von den persönlichen Geschmacksvorlieben ab, besonders beliebt sind weiche, aromatisch-süßliche schwarze Sorten. Es empfiehlt sich, die Früchtchen immer entsteint auf die Pizza zu legen – und da das Entsteinen sehr mühsam ist, kauft man Oliven am besten bereits ohne Stein.

Paprika

Gemüsepaprika wird immer wieder gerne als Pizza-Belag gewählt – besonders die roten Schoten. Die Zubereitung ist denkbar einfach: Waschen, halbieren, die inneren Häute mit den Kernen entfernen und die Schote in Streifen bzw. Stücke schneiden. Enthäutet wird Paprika im Ofen: Die ganzen Schoten werden auf ein Blech gelegt und bei 250 °C so lange gebacken, bis die Haut beginnt schwarz zu werden. Wenn man die Schoten anschließend sofort in einem Gefrierbeutel luftdicht verschließt, lässt sich die Haut nach dem Abkühlen recht einfach abziehen.

Pilze

Vor allem Champignons zählen – nicht nur auf der Pizza funghi – zu den Klassikern in der Pizzaküche. Doch neben diesen Pilzen können auch andere, wie

zum Beispiel Austernseitlinge – verwendet werden. Wichtig ist, die Pilze gut zu säubern – entweder reibt man sie mit Küchenpapier ab, oder kratzt Schmutz mit einem Messer ab. Keinesfalls sollten sie gewaschen werden. Vor allem Champignons vertragen geschmacklich starke Begleiter, da sie selbst kein ausgeprägtes Aroma besitzen.

Rote Bete

Eine ungewöhnliche, aber durchaus delikate Zutat für Pizza stellen die roten Rüben dar, die zuvor in jedem Fall gegart werden müssen. Wer das etwas aufwändige Kochen frischer Roter Bete scheut, kann auf gegartes, geschältes und vakuumverpacktes Gemüse zurückgreifen, das in vielen Supermärkten angeboten wird.

Spargel

Spargel veredelt eine Pizza zur Delikatesse, vor allem, wenn er frisch auf die Pizza kommt. Leider gibt es frischen Spargel aber nur kurze Zeit im Frühjahr – er wird nur zwischen April und Juni geerntet. Dabei hat man die Wahl zwischen weißem und grünem Spargel. Für die Pizzaküche sind beide Arten gleich gut geeignet. Frische Stangen sollten zunächst blanchiert oder in der Pfanne angedünstet werden. Anschließend garen sie im Ofen weiter – zum Beispiel unter einer schützenden Käsedecke. Außerhalb der Spargelsaison bleibt nur der Griff zu tiefgekühltem Spargel, der wie frischer zunächst blanchiert werden sollte, oder zu Stangen aus dem Glas – dieser kann direkt auf den Pizzaboden gelegt werden.

Spinat

Als Pizzazutat erweist sich Spinat als überaus vielseitig und lässt sich ganz unterschiedlich kombinieren – ob mit Tomaten und einem Hauch Zitrone oder mit Meeresfrüchten und würzigem Knoblauch. Zudem harmoniert das grüne Blattgemüse auch mit ganz verschiedenen Käsesorten von Asiago bis Ziegenkäse. Verwendet man frischen Spinat für die Pizza, wird dieser zunächst gründlich gewaschen. Anschließend schneidet man gegebenenfalls die harten Stielenden ab und blanchiert den Spinat etwa 3 Minuten in kochendem Salzwasser. Dann lässt man ihn gut abtropfen oder drückt ihn aus, bevor man ihn grob zer-

schneidet. Als weniger aufwendige Alternative bietet sich TK-Blattspinat an. Dieser wird aufgetaut, bevor er auf die Pizza kommt. Praktisch sind Produkte, bei denen der Spinat in kleinen Würfeln portioniert ist. Sie lassen sich besonders gut auf der Pizza verteilen.

Zucchini

Zucchini kennt man besonders aus der mediterranen Küche. Als Pizzabelag erweist sich das unkomplizierte und gesunde Gemüse als überaus anpassungsfähig und harmoniert sowohl mit vielen anderen Gemüsen – wie Tomaten, Auberginen oder Paprika – als auch mit Fleisch, Fisch und Meeresfrüchten. Zucchini braucht nur gewaschen zu werden und kann dann ungeschält, in Scheiben oder Würfel geschnitten, auf die Pizza. Generell gilt: Je kleiner die Zucchini, desto aromatischer sind sie im Geschmack, denn größere Exemplare enthalten mehr Wasser. Das Fruchtfleisch der Zucchini sollte fest und die Schale unbeschädigt sein.

Wurstwaren & Fleisch

Salame, Prosciutto & Co

Salami, Schinken & Co zählen zu den weltweit am häufigsten verwendeten Pizza-Belägen. Und das nicht nur, weil sich der Hefe-Grundteig – ähnlich dem von Brot – geschmacklich so perfekt mit den Wurstwaren ergänzt. Auch die schnelle und einfache Verarbeitung trägt dazu bei.

Zum Einsatz kommen fast ausschließlich schnittfeste Wurstwaren, wobei der Schwerpunkt ganz eindeutig auf italienischen Salami- und Schinkenvarianten liegt. Neben dem traditionell meist verwendeten gekochten Vorderschinken sind inzwischen auch rohe Schinkensorten ein Pizza-Thema.

Bei der Salami-Pizza und ihren Geschmacksgeschwistern kommt es darauf an, dass der Wurst-Belag während des Backens nicht anbrennt. Um dies zu verhindern, gibt es zwei Varianten der Verarbeitung:

- die Wurst möglichst komplett mit Käse bedecken ,
- die Wurst erst kurz vor Ende der Backzeit auf die Pizza legen.

Salami

Salami zählt zu den bekanntesten kulinarischen Spezialitäten Italiens. Die Bezeichnung „Salami" leitet sich vom italienischen Wort „salame", was so viel wie Salzwurst oder Salzfleisch bedeutet, ab.

Dabei ist nicht jede Wurst, die man als Salami bezeichnet, wirklich eine Salami. Umgangssprachlich benennt man so gerne all diejenigen Würste, die der Fachmann „schnittfeste Rohwurst" nennt. Diese zeichnen sich gegenüber den streichfähigen Rohwürsten durch ihre lange Haltbarkeit aus.

Um diese zu erreichen, benötigen die Würste eine mehr oder weniger lange Reifezeit. Während dieser verdunstet das in der Rohwurst enthaltene Wasser und die Milchsäurebakterien lassen die im Fleisch enthaltenen Eiweiße stocken. Verderbenserreger können sich im so entstehenden sauren Milieu schlecht vermehren, die Milchsäurebakterien verbessern zudem die Haltbarkeit. Schließlich erhält die schnittfeste Wurst durch die Reifung auch ihre feste Konsistenz.

Würste mit besonders langer Reifezeit sind meist auch besonders lange haltbar und werden daher oft als Dauerwürste bezeichnet. Neben Italien haben aber auch andere europäische Länder, wie zum Beispiel Ungarn, Deutschland oder Frankreich längst ihre Vorliebe für die würzige Spezialität entdeckt und eigene Versionen dieser aromatischen Rohwurst entwickelt.

Salami kann aus dem Fleisch der verschiedensten Tiere hergestellt werden. So gibt es neben der Salami aus Schweinefleisch auch Sorten aus Rind, Wild oder Geflügel. Weitere Unterschiede bestehen in Feinheit, Form, Größe und auch Art der Umhüllung. Wer in italienischen Metzgereien nach einer Dauerwurst sucht, kann zwischen über fünfzig verschiedenen Salamisorten wählen. Ob fein oder eher grob, pikant oder milder gewürzt, groß oder klein – die abwechslungsreichen Salamisorten bieten für jeden Geschmack etwas.

Gemeinsam haben alle Sorten, dass sie aus rohen Zutaten hergestellt und in der Regel luftgetrocknet werden. Charakteristisch ist auch ein weißlicher Naturschimmelbelag, der zum besonderen Aroma der Würste beiträgt.

Meist besteht die italienische Salami aus reinem Schweinefleisch, es gibt aber auch Sorten aus Rind-, Wildschwein-, Hirsch- oder Pferdefleisch. Ursprünglich enthielt die Salami sogar Eselfleisch. Das rührte daher, dass in den

Bergregionen Italiens die Esel als Lasttiere benutzt wurden. Waren sie zu alt, wurden sie von den armen Bauern geschlachtet und ihr Fleisch zu Salami verarbeitet.

Bei der Zubereitung von Salami hat jede Region Italiens praktisch ihre eigenen Rezepturen und Verfahren. So wundert es kaum, dass viele bekannte italienische Salamisorten nach ihrem Herstellungsort benannt sind – bekannt ist zum Beispiel die Mailänder.

Generell kann man sagen, dass der Norden Italiens eher auf milder gewürzte Sorten spezialisiert ist, während man in den südlicheren Regionen oft auf sehr pikante Salamisorten stößt.

Grundsätzlich ordnet man in Italien die Salamisorten in verschiedene Qualitätsstufen ein. Die höchste Auszeichnung ist „extra", gefolgt von „prima", „seconda", „terza" und „inferiori". Maßgeblich für die Gruppierung ist vor allem die Qualität der Zutaten. Um sich „Salame extra" nennen zu dürfen, darf die Rohwurst z.B. nur Schweinefleisch enthalten. In anderen Qualitätsstufen dürfen auch Zutaten anderer Schlachttiere enthalten sein. Allerdings geben diese Qualitätsstufen nur eine grobe Orientierung, da es immer wieder regionale Ausnahmen gibt.

Schinken – das Beste vom Schwein

Nach der Salami ist der Schinken der beliebteste Wurstbelag für Pizza. In der Regel greift man hier zu gekochtem Schinken. Stammt dieser aus der Hinterkeule des Schweins nennt man ihn Hinterschinken; Vorderschinken kommt aus der Schulter und ist preislich häufig etwas günstiger.

Gekochte Schinkensorten weisen oft erhebliche Qualitätsunterschiede auf, die nicht zuletzt durch die Art der Vorbehandlung entstehen. Bei der Herstellung wird der Schinken nämlich keineswegs einfach nur gekocht. Das würde zu einem weniger geschmacksintensiven und vor allen Dingen farblich unattraktivem, recht grauen Stück Fleisch führen.

Der Schinken wird vor dem Garen zunächst gepökelt und nach dem Garen in der Regel noch geräuchert. Doch nicht jeder Kochschinken wird heute immer nach den traditionellen handwerklichen Methoden der Metzger zubereitet: Viele Groß-Produzenten stellen inzwischen Schinken her, die vorwiegend nach optischen Gesichtspunkten behandelt werden und häufig kaum noch Geschmack aufweisen.

Qualitätsmerkmale

Hochwertigen gekochten Schinken erkennt man an seinem fest anliegenden Fettrand mit Schwarte und am Fettgewebe im Zentrum der Scheibe. Verläuft das Fett vom Rand nach innen, belegt dies, dass der Schinken tatsächlich aus einem Stück hergestellt wurde und es sich nicht um gepresstes Formfleisch handelt. Bei echtem Schinken ist zudem auch die Struktur der Muskelfasern zu erkennen.

Die Farbe des Fetts sollte weiß und keinesfalls gelblich sein. Die Fleischfarbe kann unterschiedlich ausfallen, denn sie hängt mit dem pH-Wert der Muskeln zusammen, und die haben nicht alle den gleichen Wert. Ein weiteres Kriterium für Qualität ist eine trockene Oberfläche des geschnittenen Schinkens. Weist der Schinken einen schmierigen Belag auf, ist er nicht mehr frisch.

Gekochter Schinken kann je nach Räucherung unterschiedliche Geschmacksnuancen entwickeln. Diese verändern sich auf einer Pizza natürlich noch einmal – zum einen durch die Kombination mit den anderen Zutaten, zum anderen durch das Erhitzen bzw. Backen im Ofen. Soll der Schinken seinen Geschmack möglichst wenig verändern, so kann man ihn erst kurz vor Ende der Pizza-Backzeit auflegen und so nur erwärmen.

Roher Schinken

Als Gourmet-Alternative zum Kochschinken bieten sich natürlich auch andere Schinkensorten an wie beispielsweise die edlen Italiener aus Parma oder San Daniele. In einem Bad aus Tomatensauce würden sie bei hohen Backofentemperaturen allerdings schnell ihren typischen, feinwürzigen Charakter verlieren. Für ein optimales Geschmackserlebnis sollte man teuren Prosciutto di Parma oder vergleichbare andere luftgetrocknete Schinken daher immer erst nach dem Backen auf die Pizza geben.

Fleisch

Obwohl sie nicht zu den Klassikern der Pizza-Tradition zählen, erfreuen sich Pizzen mit Fleischstücken heute großer Beliebtheit. Mit ihnen lässt sich die Pizza für all diejenigen, für die ein Stück Fleisch unabdingbar zu einem „vollständigen" Essen gehört, zu einem solchen aufwerten. Unabhängig davon gibt es natürlich eine ganze Reihe von Pizza-Gerichten, die einfach hervorragend schmecken.

Ob Hühnchen oder Pute, Rind oder Schwein: Grundsätzlich wird das Fleisch vor der Verarbeitung auf der Pizza in der Pfanne angebraten. Nur so können sich die Poren schließen, das Fleisch bekommt außen eine knusprige Haut und bleibt innen saftig. Besonders Rindfleisch muss dabei nicht durchgebraten werden – es reicht völlig aus, es nur ganz kurz anzubraten – durchziehen kann es dann während der Pizza-Backzeit.

Rind- und Schweinefleisch schneidet man vor dem Anbraten bereits in mundgerechte Stücke. Bei Geflügel hingegen brät man am besten ein ganzes Stück – zum Beispiel eine Brust – und zerteilt diese erst nach dem Abkühlen in die richtigen Pizzaportionen.

Das Anbraten des Fleisches bzw. dessen Vorbereitung trägt entscheidend zum Geschmack der Pizza bei. Das bezieht sich genauso auf die Art des verwendeten Fettes als auch auf zum Einsatz kommende Gewürze. Für eine italienische Variante greift man am besten stilecht zu Olivenöl, würzt mit Salz und Pfeffer sowie evtl. mit einer italienischen Kräutermischung (siehe auch S. 56 ff).

Für Pizzen im „International Style" (siehe S. 220 ff) können aber auch ganz andere Würzmischungen in Frage kommen. Für eine mexikanische Variante beispielsweise empfehlen sich scharfe Gewürze wie Chili oder Knoblauch, bei einer arabisch angehauchten können es Kreuzkümmel oder Koriander sein.

Besonders bei Geflügel lässt sich der Geschmack des Fleisches intensivieren, indem man es vor dem Anbraten mariniert. Auch hier sind wieder unzählige Varianten möglich – letztlich wird die Pizza-Bäckerin oder der -Bäcker nur von der eigenen Kreativität limitiert.

Fisch & Meeresfrüchte

Mediterrane Wurzeln

Neapel, der Geburtsort der Pizza, ist eine der bedeutenden Hafenstädte Italiens – und so wundert es nicht, dass hier besonders auch Pizzen mit Fisch und Meeresfrüchten seit Generationen zu den beliebtesten Varianten zählen.

Meeresfrüchte

Bei den Belägen mit Meeresfrüchten hat man die Wahl zwischen Frischware, Tiefkühlkost und zum Teil auch solchen aus Glas oder Dose.

Bei frischen Shrimps, Muscheln oder Garnelen gilt grundsätzlich: Es kommt nur das essbare Fleisch, nicht aber die ganze Meeresfrucht auf die Pizza. Wer allerdings Riesengarnelen wählt, kann diese im Ganzen verwenden – aus optischen Gründen und natürlich auch, weil so die Wertigkeit des Belags gut zur Geltung kommt.

Tiefkühlware taut man zunächst auf – entweder über Nacht im Kühlschrank oder bei Zimmertemperatur. Fisch oder Muscheln aus Konserven sollte man gut abtropfen lassen, wenn sie – z.B. in Öl – eingelegt sind, um ein Aufweichen des Teigs zu vermeiden.

Bei Pizza mit Meeresfrüchten muss nichts vorgekocht werden: Das Fleisch wird roh auf die Pizza gelegt. Die Hitze des Ofens und die Backzeit reichen aus, um die Meeresfrüchte zu garen.

Fisch

Wie bei allen anderen Belägen gilt grundsätzlich auch hier: Eine Pizza kann man mit allen Arten von Fisch belegen. In der Praxis allerdings kommt es darauf an, dass sich keine Gräten in dem Gericht befinden – sonst kann der Biss in den Hefeteig leicht lebensgefährlich werden. Deshalb verwendet man für Pizza vor allem grätenarme Fische bzw. Fischteile. Bestens eignen sich daher vor allem Filet-Stücke. In der italienischen Küche greift man besonders gerne zu Lachs oder auch Schwertfisch.

Zu den beliebten Klassikern der Pizza-Küche zählen vor allem Pizzen mit Thunfisch und solche mit Lachs. Für beide Fischspezialitäten gibt es eine Vielzahl von Rezepten.

Sardellen

Sardellen nehmen unter den Pizza-Belägen eine kleine Sonderstellung ein, werden sie doch nicht in erster Linie als Fischbelag gesehen, sondern als Würzmittel. Die Sardella – wie der kleine Fisch auf italienisch heißt (als Anchovis bezeichnet man die kleinen Fische nur in Spanien) – wird nämlich in Salzlake eingelegt. Demnach schmeckt sie auch sehr salzig. Wer diesen Geschmackseindruck etwas abmildern möchte, spült die eingelegten Sardellen vor dem Auflegen auf die Pizza gründlich mit Wasser ab. Sardellen sind Bestandteil vieler klassischer italienischer Pizza-Rezepte; wer auf den Fischgeschmack verzichten möchte, kann stattdessen auch einfach die Pizzen kräftig salzen.

Früchte & Salate

Geschmackliche Alternativen

Bei zwei weltweit sehr beliebten Rezepten wird deutlich, dass es wirklich kaum Begrenzungen bei der Auswahl von Belägen gibt: Da ist zum einen die „Pizza Hawaii", die vor allem Dank ihres süßen Ananasgeschmacks so viele Freunde gewinnen konnte, und da ist die „Rucola-Käse-Pizza", die durch den frischen Salat aus der großen Pizza-Vielfalt hervorsticht.

Früchte – am einfachsten aus der Dose

Bei der Verarbeitung von Früchten muss man unterscheiden, ob sie frisch sind oder aus der Dose kommen. Frisches Obst setzt man hier eher selten ein. Wenn aber frische Früchte auf die Pizza kommen sollen, dann am besten erst kurz vor Ende der Backzeit. Ansonsten besteht die Gefahr, dass sie verbrennen oder unansehnlich werden. Das gilt z.B. für frische Mandarinen-Stückchen oder Feigen.

Einfacher ist es, bei der Pizza auf Früchte aus der Dose zurückzugreifen. So eignen sich z.B. Mandarinen aus der Dose besonders gut, da sie bereits filetiert sind. Auch Ananasscheiben oder Stücke aus der Dose vereinfachen die Zubereitung einer „Pizza Hawaii". Achten sollte man bereits beim Kauf darauf, ob die Dosenfrüchte gesüßt sind; es empfiehlt sich zu ungesüßten Produkten zu greifen. Auch sollte man die Früchte vor der Verwendung auf der Pizza immer gut abtropfen lassen.

Salat immer zum Schluss

Immer häufiger findet man auch Pizzarezepte, in denen Salat zum Einsatz kommt – eine aparte Variante, wenn sich warmer und weicher Belag mit knackig frischem Grünzeug paart. Für diesen knackigen Genuss versteht es sich von selbst, dass Salatblätter immer erst nach dem Backen auf die Pizza gelegt werden. Zuvor wird der Salat gewaschen und gut trocken geschleudert.

Besonders beliebt als frisches Pizza-Topping sind Rucola-Blätter, die mit ihrer pikanten Würze gut zu Schinken und verschiedenen Käsesorten passen. Dickere Stielenden sollte man hier abknipsen und sehr große Blätter eventuell auch zerrupfen. Auch Feldsalat kann eine delikate Alternative sein und mit türkischer Pizza serviert man in der Regel in schmale Streifen geschnittenen Eisbergsalat.

Die Rezepte

Pizza-Praxis

Praktische Tipps

Pizza hat geradezu unendlich viele Geschmacks-Gesichter und beim Belegen ist eigentlich alles erlaubt, was gefällt, beziehungsweise schmeckt. Wenn man beim Vor- und Zubereiten von Pizza die folgenden praktischen Tipps und Hinweise beachtet, sollte der „perfekten" Pizza nichts mehr im Wege stehen.

Unterschiedliche Garzeiten

Die einzelnen Gemüsesorten haben unterschiedliche Garzeiten, die dem Backofen egal sind, wenn er auf 15 Minuten eingestellt ist. Man sollte also im Vorfeld versuchen, die Unterschiede der Garzeiten zu relativieren. Dies beginnt schon beim Schneiden der Zutaten: Sollen so zum Beispiel Paprika und Zucchini auf einer Pizza vereint werden, schneidet man die Paprika in dünnere Streifen, lässt aber die Zucchinistücke etwas dicker. Bei einigen Gemüsesorten wie z.B. Brokkoli oder Spargel empfiehlt sich auch das Vorgaren – sie werden zunächst blanchiert, also bereits im Vorfeld in heißem Wasser einige Minuten vorgekocht. Dies verkürzt nicht nur die anschließende Garzeit im Ofen, sondern ist

auch in anderer Hinsicht sinnvoll, nämlich dann, wenn Gemüse normalerweise in Flüssigkeit gegart wird. Ohne diese Flüssigkeit wird es auf einer Pizza entweder gar nicht weich oder würde schnell anbrennen. In den Rezepten, bzw. bei den Beschreibungen der Gemüsesorten (siehe S. 90 ff) sowie der Beläge (siehe S. 86 ff) finden sich weitere Hinweise auf die sinnvollen Zubereitungsformen.

Mengenangaben

So unterschiedlich die Geschmäcker in Bezug auf die Zutaten sind, so verschieden sind zugleich die Erwartungen an die Mengen. So gehen nicht nur bei Schinken, Salami und Käse die Vorstellungen über das richtige Maß oftmals deutlich auseinander: Dem einen können die Schinkenscheiben gar nicht dick und dicht genug auf der Pizza liegen, dem anderen reichen einige Streifchen zwischen viel Gemüse.

Generell sind die Rezepte für ein großes eckiges Ofenblech oder zwei runde Pizzaformen von etwa 30 cm Durchmesser vorgesehen. Beim Käse werden immer 200 g für ein Rezept gerechnet. Auch sogenannter Pizzakäse (gerieben) wird meist in 200-g-Beuteln angeboten. Bei Mozzarellakugeln sind immer zwei Kugeln (à 125 g) pro Rezept gemeint. Sie können gewürfelt oder in dünne Scheiben geschnitten werden. Die Mengenangaben für die Belagszutaten sind immer als Richtwerte zu verstehen.

Backzeiten

Die Backzeit für eine Pizza kann nie genau angegeben werden – auch hier spielen wieder Art und Menge der Zutaten
eine Rolle. Nicht zuletzt sind exakte Back-
dauer und Ergebnis auch vom Backofen
abhängig. Die angegebenen Backzeiten
sind also nach oben und unten veränder-
bar. Entscheidend ist das Augenmaß: Ist
der Rand der Pizza goldbraun, dann ist
die Pizza gar.

Info-Box mit Symbolen

Neben den Rezepten findet sich ein kleiner Info-Kasten, an
dem sich kurz und knapp ablesen lässt, bei welcher Temperatur und wie lange die Pizza gebacken werden soll. Die
Kochlöffel weisen auf den Aufwand hin, der mit der Zubereitung der Pizza verbunden ist, und zwar unabhängig von
der Herstellung des Teiges und der Tomatensauce, die ja immer eine gewisse Zeit beanspruchen.

    Wird die Pizza also nur mit einigen Scheiben Schinken
und Käse belegt, entspricht der Aufwand einem Kochlöffel.
Zwei Kochlöffel bedeuten, dass Zutaten aufwändiger ge-
putzt und geschnitten werden; müssen darüber hinaus ein-
zelne Zutaten im Vorfeld blanchiert oder angebraten werden, bedeutet dies in der Regel einen erhöhten Aufwand,
der mit 3 Kochlöffeln markiert ist.

230 °C

20

Die Klassiker

Margherita

250 °C

10–15

Teig-Empfehlung:	Grundrezept 2	› S. 34
Grundsauce:	Klassische Pizzasauce	› S. 48
Käse-Empfehlung:	Mozzarella (Scheiben)	
Zutaten Belag:	frisches Basilikum • Olivenöl • optional etwas Parmesan	

Der Klassiker unter den Pizzen schlechthin ist die Margherita, die sich in den drei Farben der italienischen Fahne Rot, Grün und Weiß präsentiert. Mehr zur Geschichte dieser historischen Pizza auf Seite 12.

- Den Pizzateig nach dem Grundrezept herstellen und mit der Pizzasauce bestreichen. Etwas Olivenöl darüber träufeln und je nach Gusto noch ein wenig frisch geriebenen Parmesan auf die Tomaten geben.
- Die Pizza etwa 10 Minuten backen. Dann den Mozzarella auflegen und noch einmal 5 Minuten backen. Der Käse soll nur verlaufen, nicht aber braun werden.
- Vor dem Servieren die Basilikumblätter auf der Pizza verteilen.

Capricciosa

240 °C

15–20

Teig-Empfehlung:	Grundrezept 1	› S. 34
Grundsauce:	Klassische Pizzasauce	› S. 48
Käse-Empfehlung:	Mozzarella	
Zutaten Belag:	100 g Vorderschinken • 300 g Tomaten • 70 g Champignons • 5 eingelegte Artischockenherzen • 50 g schwarze Oliven ohne Stein • Olivenöl	

Als Alternative zu den frischen Champignons kann man bei dieser Pizza auch eingelegte Pilze verwenden. Diese gibt es als Antipasti fertig zu kaufen oder aber man legt sie selbst ein, indem man sie in Olivenöl anbrät und anschließend in Olivenöl mit Kräutern über Nacht einlegt.

- Den Pizzateig nach dem Grundrezept herstellen und mit der Pizzasauce bestreichen.
- Schinken in Streifen, Tomaten in Scheiben, Pilze in grobe Stücke und Mozzarella in Würfel schneiden.
- Die Artischockenherzen abtropfen lassen und vierteln.
- Die Pizza belegen, etwas Olivenöl darüber träufeln und im vorgeheizten Ofen backen.

Calzone

220 °C

15–25

Teig-Empfehlung:	Grundrezept 2 › S. 38
Grundsauce:	Keine
Käse-Empfehlung:	Ricotta & Mozzarella
Zutaten Belag:	1 Fleischtomate • 200 g Ricotta • 125 g Mozzarella • 150 g roher Schinken • 1 EL frische Thymianblättchen • 3 Stiele Basilikum • schwarzer Pfeffer • geriebener Mozzarella

Eine Calzone ist eine zusammengeklappte Pizza, die man ganz unterschiedlich füllen kann. Aus einem Grundrezept Teig lassen sich eine große oder auch mehrere kleine Calzoni zubereiten.

- Den Pizzateig nach dem Grundrezept herstellen.
- Tomate klein würfeln und mit den Kräutern mischen. Mozzarella würfeln und Schinken in Streifen schneiden.
- Teig ausrollen und auf das Blech legen. Eine Hälfte so mit Ricotta bestreichen, dass ein 2 cm breiter Rand frei bleibt. Die restlichen Zutaten darauf verteilen und pfeffern. Die freie Teighälfte umklappen und mit Mozzarella bestreuen.

Diavolo

250 °C

15

Teig-Empfehlung:	Grundrezept 2 › S. 38
Grundsauce:	Würzige Pizzasauce › S. 50
Käse-Empfehlung:	Edamer
Zutaten Belag:	100 g Vorderschinken • 50 g Peperoni-wurst • 4 Peperoncini

Diavolo, der Teufel, gibt dieser scharfen Pizza ihren Namen. Die Menge der verwendeten Peperoncini entscheidet darüber, ob die Pizza wirklich höllisch scharf wird. Hier sorgt eine Peperoniwurst, scharfe Salami, für eine Extra-Portion Schärfe.

- Den Pizzateig nach dem Grundrezept herstellen und mit der Pizzasauce bestreichen.
- Den Schinken in grobe Stücke schneiden, Peperoncini in Ringe. Etwas weniger scharf wird es, wenn man die Schoten zuvor längs aufschneidet und die Kerne entfernt.
- Die Pizza mit den Zutaten belegen, den Käse darüberstreuen und backen.

Funghi

250 °C

15

Teig-Empfehlung:	Grundrezept 2	› S. 38
Grundsauce:	Klassische Pizzasauce	› S. 48
Käse-Empfehlung:	Mozzarella	
Zutaten Belag:	250 g Champignons • 1 Knoblauch-zehe • Olivenöl	

Die klassische Pizza Funghi wird nur mit Champignons belegt, häufig verleiht ein Hauch Knoblauch noch etwas Aroma. Wer die Pizza etwas pikanter möchte, verwendet die würzige Tomatensauce oder gibt zusätzlich einige Zwiebeln auf die Pizza.

- Den Pizzateig nach dem Grundrezept herstellen und mit der Pizzasauce bestreichen.
- Pilze in Scheiben schneiden und auf der Pizza verteilen.
- Knoblauch pressen, mit einigen Esslöffeln Olivenöl vermischen und über die Pizza träufeln.
- Mozzarella in Scheiben schneiden und auf die Pizza legen.

Hawaii

240 °C

20

Teig-Empfehlung:	Grundrezept 1	› S. 34
Grundsauce:	Milde Tomatensauce	› S. 52
Käse-Empfehlung:	Mozzarella	
Zutaten Belag:	150 g Vorderschinken • $^1/_2$ Ananas • Pfeffer	

Eine Pizza Hawaii schmeckt am besten mit frischer Ananas. Alternativ kann man auch Dosenfrüchte verwenden, sollte aber darauf achten, dass diese nicht zusätzlich gesüßt sind.

- Den Pizzateig nach dem Grundrezept herstellen und mit der Tomatensauce bestreichen.
- Mit Schinkenstücken belegen.
- Mozzarella in kleine Würfel und Ananas erst in Ringe, dann in Stückchen schneiden. Beides auf der Pizza verteilen.
- Die Pizza backen und anschließend mit Pfeffer würzen.

Caprese

250 °C

15

Teig-Empfehlung:	Grundrezept 2	› S. 38
Grundsauce:	Milde Tomatensauce	› S. 52
Käse-Empfehlung:	Mozzarella	
Zutaten Belag:	500 g Tomaten • 1 Bund Basilikum • Pfeffer • Salz	

Wie bei der Pizza Margherita stehen hier die Farben Rot, Grün und Weiß im Mittelpunkt, allerdings kommen hier frische Tomaten zum Einsatz. Statt aromatischer Sorten wie San Marcano kann man gut auch kleine, halbierte Cocktailtomaten verwenden.

- Den Pizzateig nach dem Grundrezept herstellen und mit der Tomatensauce bestreichen.
- Zuerst die Tomaten auf die Pizza legen und 8 Minuten backen. Anschließend den in Scheiben geschnittenen Mozzarella daraufgeben und weiterbacken, bis der Rand der Pizza goldbraun ist.
- Nach dem Backen salzen, pfeffern und großzügig Basilikumblätter daraufgeben.

Prosciutto

250 °C

15

Teig-Empfehlung:	Grundrezept 2	› S. 38
Grundsauce:	Klassische Pizzasauce	› S. 48
Käse-Empfehlung:	Mozzarella	
Zutaten Belag:	200 g Vorderschinken	

Prosciutto cotto ist ein italienischer gekochter Schinken, der sich durch seine angenehme Würze auszeichnet. Alternativ kann man auch andere möglichst würzige Schinkensorten verwenden.

- Den Pizzateig nach dem Grundrezept herstellen und mit der Pizzasauce bestreichen.
- Den Mozzarella in Scheiben schneiden, mit dem Schinken auf die Pizza legen und backen.

Quattro Stagioni

230 °C

20

Teig-Empfehlung:	Grundrezept 2	› S. 38
Grundsauce:	Würzige Pizzasauce	› S. 50
Käse-Empfehlung:	Mozzarella	
Zutaten Belag:	50 g Champignons • 1 rote Paprika • 30 g schwarze Oliven • 50 g Vorderschinken • 50 g Shrimps • 1 kleine Zwiebel • 4 Sardellenfilets	

Diese Pizza ist genauso bunt wie die vier Jahreszeiten, nach denen sie benannt ist: Jedes Viertel wird anders belegt – ganz wie man möchte. Die Zutaten in diesem Rezept können also beliebig ausgetauscht werden. Optisch am schönsten wirkt die Quattro stagioni in einer runden Form.

- Den Pizzateig nach dem Grundrezept herstellen und mit Pizzasauce bestreichen.
- Alle Zutaten putzen und je nach Größe klein schneiden.
- Die Pizza in vier Bereiche einteilen und jedes Viertel anders belegen. Am Schluss Mozzarellascheiben auflegen und die Pizza backen.

Pizza Salami

250 °C

15

Teig-Empfehlung:	Grundrezept 2	› S. 38
Grundsauce:	Würzige Pizzasauce	› S. 50
Käse-Empfehlung:	Mozzarella	
Zutaten Belag:	150 g Salami	

Mit kräftiger Salami schmeckt diese Pizza besonders pikant – man kann auch zwei oder drei Sorten mischen. Wer's scharf mag, nimmt zum Beispiel die feurige Peperoniwurst, eine italienisch-scharfe Salami.

- Den Pizzateig nach dem Grundrezept herstellen und mit der Pizzasauce bestreichen.
- Pizza mit dem in Scheiben geschnittenen Mozzarella und Salamischeiben belegen und backen.

Pizza Napoli

250 °C

15

Teig-Empfehlung:	Grundrezept 2	› S. 38
Grundsauce:	Würzige Pizzasauce	› S. 50
Käse-Empfehlung:	Mozzarella	
Zutaten Belag:	25 schwarze Oliven • 12 Sardellenfilets • 6 TL Kapern	

- Den Pizzateig nach dem Grundrezept herstellen und mit der Pizzasauce bestreichen.
- Oliven, Kapern und Sardellenfilets auf der Pizza verteilen.
- Die Pizza mit Mozzarella-Würfeln bestreuen und backen.

Wer den salzigen Sardellen-Geschmack etwas abmildern möchte, kann die Sardellenfilets vor dem Belegen gründlich mit kaltem Wasser abwaschen. Vor dem Belegen der Pizza die kleinen Fische mit Küchenpapier trocken tupfen.

4 Formaggi

250 °C

20

Teig-Empfehlung:	Grundrezept 2	› S. 38
Grundsauce:	Pizzasauce nach Wahl	
Käse-Empfehlung:	siehe unten	
Zutaten Belag:	jeweils mindestens 50 g Mozzarella • Provolone • Parmesan • Gorgonzola • Olivenöl • Pfeffer	

Käseliebhaber kommen bei dieser Pizza voll auf ihre Kosten. Die Käseauswahl ist beliebig – hier werden milde und kräftige Sorten gemischt. Nach traditionellen Rezepten kommt keine Tomatensauce unter den Käse – man kann den Käsegeschmack jedoch auch mit einer klassischen Pizzasauce ergänzen.

- Den Pizzateig nach dem Grundrezept herstellen und nach Wunsch mit Pizzasauce bestreichen.
- Hartkäse reiben oder hobeln, Gorgonzola mit der Gabel zerrupfen, Mozzarella würfeln oder schneiden. Jeweils ein Viertel der Pizza mit einer Sorte Käse belegen, mit ein wenig Olivenöl beträufeln und backen. Anschließend nach Geschmack pfeffern.

Pizza Spinaci

230 °C

20

Teig-Empfehlung:	Grundrezept 1	› S. 34
Grundsauce:	Klassische Pizzasauce	› S. 48
Käse-Empfehlung:	Mozzarella	
Zutaten Belag:	400 g Blattspinat • Olivenöl • 1 Knob-lauchzehe • Salz • Pfeffer	
Weitere Zutaten:	4 Eier	

- Den Pizzateig nach dem Grundrezept herstellen und mit der Pizzasauce bestreichen.
- Vorbereiteten Spinat und gewürfelten Mozzarella auf der Pizza verteilen.
- Knoblauch pressen und mit einigen Esslöffeln Olivenöl und etwas Salz mischen. Über die Pizza träufeln.
- Während die Pizza im Ofen ist, die Eier hart kochen, abschrecken und in Scheiben schneiden. Die warmen Eierscheiben auf der gebackenen Pizza verteilen.
- Individuell noch einmal salzen und pfeffern.

Pizza Pesto

250 °C

10–15

Teig-Empfehlung:	Grundrezept 2	› S. 38
Grundsauce:	Milde Tomatensauce	› S. 52
Käse-Empfehlung:	Mozzarella	
Zutaten Belag:	1 Gläschen Pesto (ca. 150–200 g)	
Weitere Zutaten:	80 g Pinienkerne	

Auf diese Pizza wird die milde Tomatensauce nur dünn aufgestrichen, daher reicht ein halbes Rezept. Sie wird mit würziger Pesto kombiniert, die man aus dem Glas nehmen kann. Da Pinienkerne schnell sehr dunkel werden, streut man sie erst am Schluss auf die Pizza.

- Den Pizzateig nach dem Grundrezept herstellen und mit der Pizzasauce bestreichen.
- Pesto und Mozzarellawürfel auf der Pizza verteilen und backen.
- Etwa 2 Minuten vor Ende der Backzeit die Pinienkerne aufstreuen.

Salami picante

250 °C

10–15

Teig-Empfehlung:	Grundrezept 2	› S. 38
Grundsauce:	Würzige Pizzasauce	› S. 50
Käse-Empfehlung:	Mozzarella & Edamer	
Zutaten Belag:	75 g würzige Salami • 2 rote Paprika-schoten • 1 kleines Gläschen Kapern • je 100 g Mozzarella und Edamer • schwarzer Pfeffer	

Diese Pizza wird mit einigen Anchovis oder Sardellenfilets noch pikanter, bekommt aber dann einen charakteristischen Fischgeschmack.

- Den Pizzateig nach dem Grundrezept herstellen und mit der Pizzasauce bestreichen.
- Mozzarella würfeln, Edamer-Käse reiben.
- Paprika in grobe Stücke schneiden und die Kapern ab-tropfen lassen.
- Pizza mit den Zutaten belegen und backen.
- Anschließend frischen schwarzen Pfeffer darüber mah-len.

Pizza mit Fleisch

Schweinefilet-Paprika

250 °C

12

Teig-Empfehlung:	Grundrezept 2	› S. 38
Grundsauce:	Klassische Pizzasauce	› S. 48
Käse-Empfehlung:	Mozzarella	

Zutaten Belag: 1 grüne Paprikaschote • $1/2$ Gemüse-zwiebel • 300 g Schweinefilet • Salz • Pfeffer

Weitere Zutaten: Butterschmalz oder Öl

- Den Pizzateig nach dem Grundrezept herstellen und mit der Pizzasauce bestreichen. Paprika und Zwiebel in dünne Ringe, Mozzarella in Scheiben schneiden. Paprika- und Zwiebelringe auf der Pizza verteilen.
- Das Fleisch in etwa fingerdicke Scheiben schneiden.
- Die Pizza etwa 12 Minuten backen. Währenddessen das Fleisch von jeder Seite 1 Minute im heißen Fett anbraten.
- Fünf Minuten vor Ende der Backzeit den Mozzarella und das Fleisch auf die Pizza legen und fertig backen, anschließend salzen und pfeffern.

Rinderfilet-Fenchel

250 °C

12

Teig-Empfehlung:	Grundrezept 2	› S. 38
Grundsauce:	Milde Tomatensauce	› S. 52
Käse-Empfehlung:	Büffelmozzarella	
Zutaten Belag:	300 g Rinderfilet • 2 Fenchelknollen	
Weitere Zutaten:	Olivenöl • Pfeffer • Salz	

Die Kombination der feinen Fenchel-Aromen mit dem herzhaften Rindfleisch verleiht dieser Pizza ihren besonderen Geschmack.

- Den Pizzateig nach dem Grundrezept herstellen, mit der Pizzasauce bestreichen, mit in dünne Spalten geschnittenem Fenchel belegen und backen.
- Rinderfilet in Streifen schneiden. In einer Pfanne Olivenöl erhitzen. Rinderfilet kurz anbraten und mit Pfeffer und Salz würzen.
- 2 Minuten vor Ende der Backzeit Pizza aus dem Ofen nehmen, Rinderfiletstreifen auflegen, gewürfelten Büffelmozzarella hinzugeben und die Pizza fertig backen.

Schinken-Spargel

230 °C

15–20

Teig-Empfehlung:	Grundrezept 2	› S. 38
Grundsauce:	Milde Tomatensauce	› S. 52
Käse-Empfehlung:	Ohne	
Zutaten Belag:	600 g Spargel • 150 g roher Schinken	
Weitere Zutaten:	Béchamelsauce (siehe S. 54)	

Statt mit Käse wird der Spargel auf dieser Pizza mit einer cremigen Béchamelsauce überbacken. Der rohe Schinken wird kurz mitgebacken, er sorgt für feine Würze.

- Den Pizzateig nach dem Grundrezept herstellen, Béchamelsauce zubereiten.
- Den Pizzaboden mit der Tomatensauce bestreichen und mit dem vorbereiteten Spargel belegen. Dann so mit Béchamelsauce begießen, dass der Spargel möglichst vollständig bedeckt ist.
- Die Pizza etwa 12 Minuten backen, dann den Schinken daraufgeben und die Pizza fertig backen.

Carpaccio

250 °C

12–15

Teig-Empfehlung:	Grundrezept 2	› S. 38
Grundsauce:	Milde Tomatensauce	› S. 52
Käse-Empfehlung:	Mozzarella & Parmesan	
Zutaten Belag:	200 g Rinderfilet (hauchdünn geschnitten) • 1 Bio-Zitrone • Olivenöl • Basilikum • Salz • Pfeffer	

Hier wird eine einfache Margherita durch feines Rinderfilet zur Feinschmecker-Pizza. Weil rohes Fleisch verwendet wird, sollte man auf ein Höchstmaß an Qualität und Frische bei den Zutaten achten. Die Zitronenfilets geben frische Würze, sind aber nicht zum Mitessen gedacht.

- Pizzateig nach Grundrezept herstellen und mit Tomatensauce bestreichen. Mozzarella würfeln, auf den Pizzaboden geben und die Pizza backen.
- Nach dem Backen die Filetscheiben auf der Pizza verteilen, mit Olivenöl beträufeln, pfeffern und nach Geschmack fein salzen. Basilikumblätter und einige Zitronenfilets dekorativ auf der Pizza verteilen und Parmesan darüberhobeln.

Sausage-Bacon

230 °C

15–20

Teig-Empfehlung:	Grundrezept 2	› S. 38
Grundsauce:	Klassische Pizzasauce	› S. 48
Käse-Empfehlung:	Mozzarella & Edamer	
Zutaten Belag:	12 kleine Sausages (Stück ca. 25 g) • 150 g Bacon (gewürfelt)	

Freunde kräftiger Fleischküche kommen bei dieser Pizza auf ihre Kosten – warum die Würstchen nicht mal direkt auf einem Tomatenfladen braten?

- Den Pizzateig nach dem Grundrezept herstellen und mit der Pizzasauce bestreichen.
- Die rohen Würstchen auf die Pizza legen; Speckwürfel und geriebenen Käse aufstreuen.
- Die Pizza backen.

Mariniertes Hühnchen

230 °C

20

Teig-Empfehlung:	Grundrezept 2	› S. 38
Grundsauce:	Würzige Pizzasauce	› S. 50
Käse-Empfehlung:	Mozzarella	
Zutaten Belag:	300 g Hühnerbrustfilet • 300 g Cocktailtomaten • 1 Zweig Salbei	
Weitere Zutaten:	500 g Naturjoghurt • 2 EL Olivenöl • 1 EL Zitronensaft • gehackte italienische Kräuter • getrocknete Chilischote	

- Joghurt, Olivenöl, Zitronensaft, Kräuter und etwas getrocknete, zerstoßene Chili verrühren und das in Streifen geschnittene Hühnchenfleisch darin mindestens 1 Stunde marinieren.
- Den Pizzateig nach dem Grundrezept herstellen und mit der Pizzasauce bestreichen. In Scheiben geschnittenen Mozzarella und das Fleisch mit Marinade auf der Pizza verteilen und ca. 15 Minuten backen.
- Die Tomatenstücke und Salbeiblättchen auflegen und die Pizza fertig backen.

Tomaten-Schnitzel

250 °C

20

Teig-Empfehlung:	Grundrezept 1 › S. 34
Grundsauce:	Würzige Pizzasauce › S. 50
Käse-Empfehlung:	Mozzarella
Zutaten Belag:	Schinkenschnitzel (ca. 300 g) • 150 g Cocktailtomaten • 100 g Champignons • 1 Bd. Frühlingszwiebeln • 1 EL Majoranblättchen • Salz • Pfeffer
Weitere Zutaten:	Olivenöl

- Den Pizzateig nach dem Grundrezept herstellen.
- Frühlingszwiebeln in Ringe schneiden, Mozzarella würfeln, Tomaten halbieren, Pilze klein schneiden.
- Den Pizzaboden mit der Pizzasauce bestreichen und etwa 10 Minuten backen.
- Währenddessen das Fleisch in schmale Streifen schneiden und in heißem Öl anbraten.
- Vorgebackene Pizza mit Tomaten, Fleisch, Pilzen und Käsewürfeln belegen, Kräuter darüberstreuen und erneut etwa 10 Minuten backen. Anschließend salzen und pfeffern.

Zwiebel-Schweinefilet

250 °C

15–20

Teig-Empfehlung:	Grundrezept 2	› S. 38
Grundsauce:	Klassische Pizzasauce	› S. 48
Käse-Empfehlung:	Geriebener Mozzarella	
Zutaten Belag:	300 g Schweinefilet • 3 Bund Frühlingszwiebeln • Salz • Pfeffer	
Weitere Zutaten:	Butterschmalz	

Die Frühlingszwiebeln werden hier in größeren Stücken auf die Pizza gelegt und sorgen so für ein kräftiges Aroma.

- Den Pizzateig nach dem Grundrezept herstellen und mit der Pizzasauce bestreichen.
- Von den Frühlingszwiebeln die dunkelgrünen Lauchteile wegschneiden. Die Zwiebeln auf der Pizza verteilen, die Hälfte des Käses darüberstreuen und etwa 12 Min. backen.
- Das in Streifen geschnittene Fleisch in Butterschmalz anbraten. Auf die Pizza geben, restlichen Käse darüberstreuen und etwa 5–8 Minuten fertig backen.
- Mit Salz und Pfeffer würzen.

Uovo al tegamino

250 °C

12–15

Teig-Empfehlung:	Grundrezept 2	› S. 38
Grundsauce:	Würzige Pizzasauce	› S. 50
Käse-Empfehlung:	Mozzarella	
Zutaten Belag:	150 g Champignons • 150 g Speckwürfel • 1 Bund glatte Petersilie • Eier • Salz	

Uovo al tegamino heißt nichts anderes als Spiegelei. Die Menge der Eier hängt von der Anzahl der Portionen ab; pro Person rechnet man 1 bis 2 Eier.

- Den Pizzateig nach dem Grundrezept herstellen und mit der Pizzasauce bestreichen.
- Pilze, Käsewürfel und gehackte Petersilie auf den Boden geben und die Pizza backen.
- Die Eier entweder wenige Minuten vor Ende der Pizza-backzeit auf die Pizza schlagen oder extra in der Pfanne braten und zum Servieren auf die Pizza legen. Anschließend salzen.

Pizza alla Bolognese

240 °C

12–15

Teig-Empfehlung:	Grundrezept 1	› S. 34
Grundsauce:	ohne	
Käse-Empfehlung:	Mozzarella	
Zutaten Belag:	400 g Hackfleisch • 50 g Speck • 2 Zwiebeln • 1 Scheibe Sellerie • 1 Möhre • 4 EL Tomatenmark • 100 ml Rotwein • 1 Dose Tomaten • 1 EL getrocknete italienische Kräuter • Salz • Pfeffer	

Die Bolognese-Sauce ersetzt hier die klassische Pizzasauce. Man bereitet sie aus gemischtem Hackfleisch zu.

- Hackfleisch in evtl. etwas Olivenöl krümelig anbraten, nach und nach Speckwürfel, fein gehackte Zwiebeln und das sehr klein gewürfelte Gemüse dazugeben und anbraten. Tomatenmark unterrühren, mit Rotwein ablöschen. Tomaten aus der Dose zerkleinern und mit den Kräutern zur Hackfleischmischung geben. Mindestens 30 Minuten köcheln und reduzieren lassen.
- Pizzateig nach Grundrezept herstellen; Bolognese-Sauce und gewürfelten Mozzarella darauflegen und backen.

Parma & Parmigiano

250 °C

10–15

Teig-Empfehlung:	Grundrezept 2	› S. 38
Grundsauce:	Klassische Pizzasauce	› S. 48
Käse-Empfehlung:	Mozzarella & Parmesan	
Zutaten Belag:	200 g Parmaschinken • Meersalz • schwarzer Pfeffer	

Die Edel-Variante der Pizza prosciutto bereitet man mit luftgetrocknetem Parmaschinken zu, der erst nach dem Backen auf die Pizza kommt. Als Variante kann man die Pizza zusätzlich mit etwas Rucola servieren.

- Den Pizzateig nach dem Grundrezept herstellen und mit Pizzasauce bestreichen.
- Die Pizza etwa 10 Minuten backen.
- Nun den gewürfelten Mozzarella daraufgeben und die Pizza fertig backen.
- Die Pizza vor dem Servieren mit Parmaschinken belegen, frischen Parmesan darüberhobeln und mit etwas Meersalz und frisch gemahlenem Pfeffer würzen.

Fisch & Meeresfrüchte

Marinara

240 °C

15

Teig-Empfehlung:	Grundrezept 2	› S. 38
Grundsauce:	Klassische Pizzasauce	› S. 48
Käse-Empfehlung:	Mozzarella	
Zutaten Belag:	250 g tiefgefrorene Meeresfrüchte • Zitrone	
Weitere Zutaten:	5 EL Olivenöl • 4 Knoblauchzehen	

- Meeresfrüchte auftauen.
- Den Pizzateig nach dem Grundrezept herstellen und mit der Pizzasauce bestreichen. Pizza 6–8 Minuten backen.
- Öl in der Pfanne erhitzen und halbierte Knoblauchzehen darin andünsten.
- Meeresfrüchte zwei Minuten im Knoblauchöl schwenken und anschließend auf der Pizza verteilen.
- Gewürfelten Mozzarella darübergeben und die Pizza fertig backen.
- Vor dem Servieren etwas Zitronensaft über die Pizza träufeln.

Pizza Antonella

250 °C

15

Teig-Empfehlung:	Grundrezept 1	› S. 34
Grundsauce:	Klassische Pizzasauce	› S. 48
Käse-Empfehlung:	Gouda	

Zutaten Belag: 150 g tiefgefrorene mittelgroße Garne-
                    len • 50 g Spinat • 100 g Ananasstück-
                    chen

Weitere Zutaten: 3 EL Olivenöl • 2 Knoblauchzehen

- Die Garnelen auftauen und säubern (Darm entfernen).
- Den Pizzateig nach dem Grundrezept herstellen und mit der Pizzasauce bestreichen.
- Das Olivenöl bei mittlerer Hitze in der Pfanne erhitzen und halbierte Knoblauchzehen darin andünsten, Knoblauchzehen aus dem Öl nehmen.
- Herd ausschalten und Garnelen zwei Minuten in der Pfanne im Knoblauchöl schwenken.
- Spinat, Ananas und Garnelen auf dem Pizzateig verteilen, Gouda darübergeben und Pizza im Ofen backen.

Sardelle-Thunfisch

240 °C

15

Teig-Empfehlung:	Grundrezept 2	› S. 38
Grundsauce:	Klassische Pizzasauce	› S. 48
Käse-Empfehlung:	Mozzarella	

Zutaten Belag: 250 g Thunfisch (in Öl eingelegt) •
12 Sardellenfilets • 100 g schwarze Oli-
ven • 4 TL Kapern

- Den Pizzateig nach dem Grundrezept herstellen und mit der Pizzasauce bestreichen.
- Den Thunfisch abtropfen lassen.
- Mozzarella würfeln und auf der Pizzasauce verteilen.
- Thunfisch mit einer Gabel zerpflücken und mit den Sardellenfilets, Kapern und Oliven auf der Pizza verteilen.
- Die Pizza backen.

Pizza Calamari

250 °C

15

Teig-Empfehlung:	Grundrezept 2	› S. 38
Grundsauce:	Klassische Pizzasauce	› S. 48
Käse-Empfehlung:	Mozzarella	
Zutaten Belag:	250 g Tintenfischringe	

Die Pizza Calamari steht in den Küstenregionen Italiens in den Pizzerien fast auf jeder Speisekarte. Dort wird sie meist mit frischem Tintenfisch zubereitet. Man kann auch zu Tiefkühl-Produkten greifen.

- Den Tintenfisch eventuell auftauen.
- Den Pizzateig nach dem Grundrezept herstellen und mit der Pizzasauce bestreichen.
- Tintenfisch zusammen mit gewürfelten Mozzarellastückchen auf der Pizza verteilen.
- Die Pizza backen.

Garnelen-Pizza

250 °C

20

Teig-Empfehlung:	Grundrezept 1	› S. 34
Grundsauce:	Klassische Pizzasauce	› S. 48
Käse-Empfehlung:	Gouda	
Zutaten Belag:	8 große Garnelen • Zitrone	

Dieses Rezept lebt vor allem von der Optik der großen Garnelen, die ungeschält auf der Pizza verteilt werden. Zum Essen sollte man unbedingt eine Schale mit Zitronenwasser und Servietten reichen.

- Den Pizzateig nach dem Grundrezept herstellen und mit der Pizzasauce bestreichen.
- Die Garnelen auf der Pizza verteilen und mit Zitrone beträufeln.
- Die Pizza backen.

Schwertfisch

220 °C

15

Teig-Empfehlung:	Grundrezept 2	› S. 38
Grundsauce:	Klassische Pizzasauce	› S. 48
Käse-Empfehlung:	Mozzarella	
Zutaten Belag:	200 g Schwertfisch-Filet	

Diese Pizza lässt sich recht schnell und einfach zubereiten. Schwertfisch wird in der italienischen Küche gerne mit Tomaten und Kräutern kombiniert – und stellt auf einer Pizza eine delikate Alternative z.B. zu Thunfisch dar.

- Den Schwertfisch in Würfel schneiden.
- Den Pizzateig nach dem Grundrezept herstellen und mit der Pizzasauce bestreichen.
- Den Schwertfisch zusammen mit gewürfelten Mozzarellastückchen auf der Pizza verteilen.
- Die Pizza backen.

Lachs

250 °C

15

Teig-Empfehlung:	Grundrezept 1	› S. 34
Grundsauce:	Milde Tomatensauce	› S. 52
Käse-Empfehlung:	Gouda	
Zutaten Belag:	100 g Blattspinat • 200 g Lachsfilet • $^1/_2$ Zitrone • Pfeffer	

Die Kombination von Lachs mit Spinat zählt zu den groß-artigen Duetts der internationalen Küche und läuft auch auf der Pizza zu Höchstform auf.

- Den Pizzateig nach dem Grundrezept herstellen und mit der Pizzasauce bestreichen. Den geriebenen Käse darüberstreuen.
- Den Spinat vorbereiten (siehe S. 98).
- Den Lachs in kleine Stücke würfeln und in einer Schüssel mit 1 EL Zitronensaft vermischen. Spinat und Lachswürfel auf dem Pizzaboden verteilen.
- Die Pizza backen, anschließend pfeffern.

Pizza Tonno e Cipolla

220 °C

15

Teig-Empfehlung:	Grundrezept 2	› S. 38
Grundsauce:	Klassische Pizzasauce	› S. 48
Käse-Empfehlung:	Mozzarella	
Zutaten Belag:	250 g Thunfisch (in Öl eingelegt) • 3 große Zwiebeln	

- Den Pizzateig nach dem Grundrezept herstellen und mit der Pizzasauce bestreichen. Den Mozzarella in kleine Stücke würfeln und auf den Boden streuen.
- Thunfisch abtropfen lassen und auf dem vorbereiteten Pizzaboden verteilen.
- Die Zwiebeln in dünne Scheiben schneiden und über den Thunfisch geben.
- Die Pizza backen.

Muschelpizza

240 °C

15

Teig-Empfehlung:	Grundrezept 1	› S. 34
Grundsauce:	Milde Tomatensauce	› S. 52
Käse-Empfehlung:	Gouda	
Zutaten Belag:	250 g Muschelfleisch	

Für diese Pizza kann man zu verschiedenen Muscheln greifen – von Miesmuscheln über Venusmuscheln bis hin zu Mischungen, die zum Beispiel auch in Dosen angeboten werden.

- Den Pizzateig nach dem Grundrezept herstellen und mit der Sauce bestreichen.
- Die Muscheln auf dem Pizzaboden verteilen.
- Reichlich geriebenen Gouda über die Muscheln geben.
- Die Pizza backen.

Vegetarische Pizzen

Margherita al filetto

250 °C

10–12

Teig-Empfehlung:	Grundrezept 2	› S. 38
Grundsauce:	Keine	
Käse-Empfehlung:	Mozzarella	
Zutaten Belag:	500 g frische, reife Tomaten (z.B. San Marzano) • 1 Bund frisches Basilikum • 1 EL Olivenöl • 1 TL Oregano • Salz • Mozzarella	

- Für diese Pizza verwendet man nur frische Tomaten, die besonders aromatisch sein sollten und einen geringen Wassergehalt aufweisen. Die Tomaten klein würfeln. Die Hälfte der Basilikumblätter klein rupfen und mit Olivenöl und Oregano unter die Tomaten mischen. Die Sauce mindestens 2 Stunden ziehen lassen.
- Den Pizzateig nach dem Grundrezept herstellen.
- Sauce auf den Pizzateig geben und die Pizza backen.
- Den Mozzarella in kleine Würfel schneiden und 5 Minuten vor Ende der Backzeit auf die Pizza geben, sodass er verläuft ohne braun zu werden.
- Nach dem Backen die restlichen Basilikumblätter auf die Pizza geben.

Garten-Pizza

250 °C

10–15

Teig-Empfehlung:	Grundrezept 2	› S. 38
Grundsauce:	Milde Tomatensauce	› S. 52
Käse-Empfehlung:	Gouda	
Zutaten Belag:	100 g Champignons • 100 g Blattspinat • 100 g Brokkoli • je eine kleine gelbe, rote, grüne Paprika • 8 kleine Cocktail-Tomaten	

- Den Pizzateig nach dem Grundrezept herstellen, mit der Pizzasauce bestreichen und Käse darüber streuen. Die Pizza 8–10 Minuten im Ofen backen.
- Den Brokkoli in kleine Röschen brechen. Blattspinat und Brokkoli waschen und beides je fünf Minuten blanchieren.
- Champignons in dünne Scheiben und Paprika in kleine Streifen schneiden. Tomaten vierteln. Das Gemüse auf der Pizza verteilen.
- Die Pizza weitere 3–5 Minuten im Ofen fertig backen.

Pizza Ratatouille

250 °C

20

Teig-Empfehlung:	Grundrezept 1	› S. 34
Grundsauce:	Ohne	
Käse-Empfehlung:	Emmentaler / Gouda	
Zutaten Belag:	1 Tasse Rotwein • 5 getrocknete Tomaten • 1 Zwiebel • 2 Knoblauchzehen • 1 kleine Aubergine • 1 rote, 1 grüne Paprika • 2 kleine Zucchini • 5 Tomaten • Olivenöl • Salz • Pfeffer • 1 Zweig Rosmarin • einige Zweige Thymian	

- Den Pizzateig nach dem Grundrezept herstellen.
- Rotwein erhitzen und die getrockneten Tomaten darin einweichen. Paprika häuten (s. Seite 96), Gemüse würfeln.
- In einer Pfanne zunächst die Zwiebeln in Olivenöl anbraten, dann nacheinander Auberginen und Knoblauch, nach 5 Minuten Paprika und Zucchini und schließlich die eingeweichten, klein geschnittenen Tomaten sowie die frischen Tomaten, Kräuter und Gewürze hinzugeben. Den Rotwein zugeben und etwa 20 Minuten köcheln lassen.
- Das Gemüse auf dem Pizzateig verteilen. Käse darübergeben und backen.

Pizza Carciofi

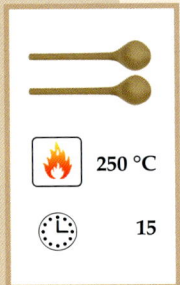

250 °C

15

Teig-Empfehlung:	Grundrezept 2	› S. 38
Grundsauce:	Milde Tomatensauce	› S. 52
Käse-Empfehlung:	Mozzarella	
Zutaten Belag:	6 eingelegte Artischockenherzen • 100 g Austernpilze • 2 Schalotten • 30 g Butter • 1 TL abgeriebene Zitronenschale • 1 Msp. Piment • Salz & schwarzer Pfeffer • 1/2 Bund glatte Petersilie	

- Den Pizzateig nach dem Grundrezept herstellen und mit der Pizzasauce bestreichen.
- Die Artischockenherzen abtropfen und vierteln.
- Die Pilze in nicht zu kleine Stücke schneiden.
- Schalotten fein würfeln.
- Butter in einer Pfanne auslassen und die Pilze darin anbraten. Salzen, pfeffern und mit Piment und Zitronenschale würzen.
- Die Petersilie fein hacken und unter die Tomatensauce rühren. Den Pizzateig mit der Sauce bestreichen, die Artischockenstücke und Pilze darauf verteilen.
- Käse darübergeben und backen.

Pizza Cipolla

230 °C

10–15

Teig-Empfehlung:	Grundrezept 2	› S. 38
Grundsauce:	Klassische Pizzasauce	› S. 48
Käse-Empfehlung:	Mozzarella	
Zutaten Belag:	2 weiße und 2 rote Zwiebeln • 2 EL Olivenöl • $1/2$ Bund Frühlingszwiebeln • schwarze entsteinte Oliven • 1 kleines Gläschen Kapern • Pfeffer • Salz	

- Pizzateig nach dem Grundrezept herstellen.
- Zwiebeln in Ringe schneiden. Olivenöl in einer Pfanne erhitzen, Zwiebeln darin anbraten und weich dünsten.
- Frühlingszwiebeln ebenfalls in Ringe schneiden und kurz mit in die Pfanne geben.
- Pizzasauce auf den Teig geben und den Mozzarella darüberstreuen. Die Zwiebeln auf der Pizza verteilen, mit Oliven und Kapern bestreuen, pfeffern und backen.

Die Zwiebelpizza lässt sich durch die Art der Zwiebeln geschmacklich variieren – wer es mild mag, kann statt der Speisezwiebeln auch Gemüsezwiebeln verwenden.

Pizza Brokkoli

230 °C

15

Teig-Empfehlung:	Grundrezept 2	› S. 38
Grundsauce:	Milde Tomatensauce	› S. 52
Käse-Empfehlung:	Parmesan nach Geschmack	
Zutaten Belag:	500 g Brokkoli • 100 g Haselnussblättchen	
Weitere Zutaten:	Béchamelsauce	› S. 54

- Pizzateig nach dem Grundrezept herstellen und mit der Tomatensauce bestreichen.
- Den Brokkoli in kleine Röschen zerteilen und in kochendem Salzwasser 4 Minuten blanchieren. Anschließend gut abtropfen lassen, evtl. auch mit Küchenkrepp abtupfen.
- Pizza mit Tomatensauce bestreichen und die Gemüsestücke darauf verteilen.
- Béchamelsauce mit einem Löffel auf das Gemüse geben, die Haselnussblättchen darüberstreuen und backen.

Man kann die Hälfte des Brokkolis auch durch Romanesco oder Blumenkohl ersetzen. Für eine pikante Note sorgt geriebener Parmesan, den man nach dem Backen aufstreut.

Pizza Gorgonzola

250 °C

10–12

Teig-Empfehlung:	Grundrezept 2	› S. 38
Grundsauce:	Klassische Pizzasauce	› S. 48
Käse-Empfehlung:	Gorgonzola	
Zutaten Belag:	150 g Gorgonzola • 4 feste Birnen • ca. 30 g Walnusskerne	

- Pizzateig nach dem Grundrezept herstellen.
- Die Birnen waschen, evtl. schälen und in schmale Spalten schneiden. Walnüsse grob hacken.
- Die Pizzasauce auf den Pizzaboden streichen und die Birnen gleichmäßig darauf verteilen.
- Den Käse mit einer Gabel in kleine Stücke zerteilen und über die Birnen geben.
- Die gehackten Nüsse aufstreuen und die Pizza backen.

Es empfiehlt sich, einen weichen Gorgonzola zu verwenden, da dieser beim Backen gut verläuft. Für eine delikate fleischhaltige Variante serviert man die Pizza mit hauchdünnen Bresaola-Scheiben, einem luftgetrockneten italienischen Rinderschinken.

Pizza Spinaco puro

250 °C

10–12

Teig-Empfehlung:	Grundrezept 2	› S. 38
Grundsauce:	Klassische Pizzasauce	› S. 48
Käse-Empfehlung:	Mozzarella	
Zutaten Belag:	400 g Spinat • 2 Knoblauchzehen • Olivenöl	

Dieses Rezept steht stellvertretend für alle Pizza-Varianten mit nur einem Gemüsebelag, wobei die Spinat-Mozzarella-Kombination besonders beliebt ist.

- Pizzateig nach dem Grundrezept herstellen und mit der Pizzasauce bestreichen.
- Den Blattspinat waschen und fünf Minuten in Salzwasser blanchieren.
- Anschließend den Spinat gut abtropfen und ausdrücken. Große Blätter auf einem Brett grob zerschneiden.
- Den Spinat auf dem vorbereiteten Pizzateig verteilen und gewürfelten Mozzarella darüberstreuen.
- Nach Geschmack mit etwas Aglio e Olio beträufeln. Dazu Knoblauch pressen und mit Olivenöl mischen.
- Die Pizza backen.

Pizza Giuseppe

250 °C

10–12

Teig-Empfehlung:	Grundrezept 2	› S. 38
Grundsauce:	Klassische Pizzasauce	› S. 48
Käse-Empfehlung:	Gouda	
Zutaten Belag:	250 g Artischockenherzen • 150 g Champignons	

- Pizzateig nach dem Grundrezept herstellen und mit der Pizzasauce bestreichen.
- Die Artischockenherzen aus der Dose nehmen und in einem Sieb gut abtropfen lassen.
- Die Pilze putzen und in dünne Scheiben schneiden.
- Artischockenherzen und Champignonscheiben auf dem vorbereiteten Pizzaboden verteilen.
- Pizza mit Gouda bestreuen und backen.

Pizza Mais-Mandarine

250 °C

10–12

Teig-Empfehlung:	Grundrezept 2	› S. 38
Grundsauce:	Milde Tomatensauce	› S. 52
Käse-Empfehlung:	Pizzakäse	
Zutaten Belag:	200 g Mais • 125 g Mandarinen (aus der Dose) • Curry	

- Pizzateig nach dem Grundrezept herstellen und mit der Pizzasauce bestreichen.
- Die Mandarinen in ein Sieb geben und gut abtropfen lassen.
- Den Mais auf dem Pizzaboden verteilen und etwas Curry darüberstreuen.
- Die Pizza mit reichlich Käse bestreuen und backen.
- Etwa 2 Minuten vor Ende der Backzeit die Mandarinenstückchen auf der Pizza verteilen.

International Style

Asia süß-sauer

250 °C

12–15

Teig-Empfehlung:	Grundrezept 1	› S. 34
Grundsauce:	Milde Tomatensauce	› S. 52
Käse-Empfehlung:	Gouda	
Zutaten:	250 g Ananas in Stücken • 5 Tomaten • 2 Bund Frühlingszwiebeln	

Dieses Rezept bezieht seinen Reiz aus der Kombination von süßer Ananas und scharfen Frühlingszwiebeln.

- Den Hefeteig nach dem Grundrezept zubereiten und mit Tomatensauce bestreichen.
- Die Ananasstückchen auf der Pizza verteilen.
- Geriebenen Käse darüberstreuen.
- Die Pizza etwa 10 Minuten backen.
- Die Tomaten in Scheiben und Frühlingszwiebeln in Ringe schneiden und auf die Pizza geben.
- Tomaten und Zwiebeln auf der Pizza verteilen und noch einmal etwa 5 Minuten backen.

Asia Hühnchen

250 °C

20

Teig-Empfehlung:	Grundrezept 1	› S. 34
Grundsauce:	Milde Tomatensauce	› S. 52
Käse-Empfehlung:	Pizzakäse	
Zutaten Belag:	250 g Sojasprossen • 250 g Hühner-brust • Sojasauce • 250 g Erdnüsse	
Weitere Zutaten:	Rapsöl • Pfeffer • Salz	

- Den Pizzateig nach dem Grundrezept herstellen und mit der Tomatensauce bestreichen.
- Die Hühnerbrust kalt abwaschen und mit Küchenpapier abtupfen.
- Öl in einer Pfanne erhitzen und die Brust goldbraun braten.
- Das Fleisch leicht salzen und pfeffern, in kleine Stücke teilen und auf der Pizza verteilen.
- Etwa 4 EL Sojasauce über die Pizza träufeln, den Käse aufstreuen und die Pizza backen.
- Sojasprossen waschen, gut abtropfen und auf die Pizza geben.
- Erdnüsse hacken und zum Schluss auf die Pizza streuen.

Mexican Chili con Carne

250 °C

20

Teig-Empfehlung:	Grundrezept 1	› S. 34
Grundsauce:	ohne	
Käse-Empfehlung:	Pizzakäse	
Zutaten Belag:	500 g Rindergehacktes • 2 Zwiebeln • 1 Knoblauchzehe • 1 Chilischote • 1 große Dose Tomaten • 250 g Mais • 1 Dose Kidneybohnen • getrockneter Chili aus der Mühle • 1 TL Kreuzkümmel • Tomatenmark • Olivenöl • Salz	

- Den Pizzateig nach dem Grundrezept herstellen.
- Zwiebeln würfeln und mit Hackfleisch in heißem Olivenöl kräftig anbraten.
- Tomaten abtropfen, Saft auffangen. Kreuzkümmel über das Fleisch streuen, Tomatenmark und etwas Tomatenflüssigkeit unterrühren.
- Klein geschnittene Tomaten, gepressten Knoblauch und fein geschnittene Chilischote, Bohnen und Mais zum Fleisch geben und mit Salz abschmecken.
- Das Chili auf den vorbereiteten Pizzaboden geben, mit Käse bestreuen und die Pizza backen.

Mexican Jalapeño

Teig-Empfehlung:	Grundrezept 2	› S. 38
Grundsauce:	Würzige Pizzasauce	› S. 50
Käse-Empfehlung:	ohne	
Zutaten Belag:	6 Jalapeños • 250 g Hühnerbrust (ohne Knochen) • 2 gelbe Paprikaschoten	
Weitere Zutaten:	Öl • Pfeffer • Salz • Sourcreme	

250 °C

15

Jalapeños sind die mexikanische Peperoni-Variante. Alternativ kann man frische Peperoncini verwenden.

- Pizzateig nach dem Grundrezept herstellen und mit der Pizzasauce bestreichen.
- Die Hühnerbrust waschen, gut abtupfen, in Stücke schneiden und 2 Minuten in heißem Öl ringsherum anbraten. Salzen und pfeffern.
- Fleisch und klein geschnittene Paprika auf die Pizza geben. Jalapeños in Ringe schneiden und dazugeben.
- Pizza backen. 2 Minuten vor Ende der Backzeit Sourcreme auf die Pizza geben und fertig backen.

American BBQ

250 °C

20

Teig-Empfehlung:	Grundrezept 1	› S. 34
Grundsauce:	Würzige Pizzasauce	›S. 50
Käse-Empfehlung:	ohne	
Zutaten Belag:	250 g Bacon • 500 g Tomaten • 2 große rote Zwiebeln	
Weitere Zutaten:	Barbecuesauce	

- Den Pizzateig nach dem Grundrezept herstellen und mit der Pizzasauce bestreichen.
- Zwiebeln in Ringe schneiden und auf der Pizza verteilen.
- Tomaten entkernen, in Scheiben schneiden und ebenfalls auf die Pizza geben.
- Den Bacon darüberlegen.
- Die Pizza backen.
- Die fertige Pizza mit Barbecuesauce servieren.

Pizza Provençale

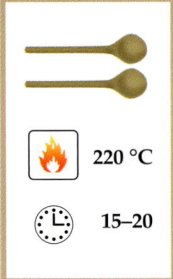

220 °C

15–20

Teig-Empfehlung:	Grundrezept 2 › S. 38
Grundsauce:	Würzige Pizzasauce, hier aber nicht mit italienischen, sondern mit französischen Kräutern gewürzt › S. 50
Käse-Empfehlung:	Gouda
Zutaten Belag:	1 große Aubergine • 2 Zucchini • französische Kräuter (Rosmarin, Thymian, Oregano) • 250 g Cocktailtomaten • Pfeffer • Olivenöl

- Den Pizzateig nach dem Grundrezept herstellen und mit der Pizzasauce bestreichen. Käse darüberstreuen.
- Aubergine vorbereiten (siehe Seite 91).
- Zucchini in Scheiben schneiden.
- Aubergine und Zucchini dekorativ auf der Pizza verteilen.
- Die Pizza pfeffern. Vor dem Backen 1 TL Thymian-Blättchen mit 3 Esslöffeln Olivenöl vermischen und über die Pizza träufeln.
- Cocktailtomaten halbieren und auf die Pizza legen.
- Die Pizza backen.

Pizza Gyros

250 °C

15

Teig-Empfehlung:	Grundrezept 1	› S. 34
Grundsauce:	Würzige Pizzasauce	› S. 50
Käse-Empfehlung:	Feta	
Zutaten Belag:	400 g Gyros • 2 rote Zwiebeln • 200 g Krautsalat	

Für diese Pizza verwendet man am einfachsten fertiges Gyros-Fleisch. Zu der Pizza kann man sehr gut Zaziki reichen.

- Den Pizzateig nach dem Grundrezept herstellen und mit der Pizzasauce bestreichen.
- Die Pizza 10 Minuten backen.
- Die Zwiebeln in Ringe schneiden.
- Klein gewürfelten Feta, die Zwiebelringe und den Gyros auf der Pizza verteilen.
- Die Pizza weitere 5 Minuten backen.
- Zum Schluss den abgetropften Krautsalat locker auf der Pizza verteilen.

Pizza Maroc

240 °C

20

Teig-Empfehlung:	Grundrezept 1	› S. 34
Grundsauce:	Milde Tomatensauce	› S. 52
Käse-Empfehlung:	ohne	

Zutaten Belag:	400 g Hühnerbrustfilet • 400 g Blattspinat • 1 Knoblauchzehe • 30 g Pinienkerne • je $\frac{1}{2}$ TL gem. Piment und Zimt
Weitere Zutaten:	Butter • Öl • Salz • 300 g Joghurt • 1 EL Zitronensaft • Pfeffer

- Den Pizzateig nach dem Grundrezept herstellen und mit der Tomatensauce bestreichen.
- Das Fleisch in Öl von jeder Seite 3 Minuten anbraten, anschließend salzen und in dicke Scheiben schneiden.
- Knoblauchzehe zerdrücken, in Butter andünsten und den blanchierten Spinat (siehe S. 98) darin schwenken. Mit gemahlenem Piment und Zimt würzen.
- Fleisch und Spinat auf der Pizza verteilen und backen.
- Anschließend Pinienkerne auf die Pizza streuen und mit einem Dressing aus mit Zitronensaft und Pfeffer gewürztem Joghurt servieren.

Pizza Thai

250 °C

20

Teig-Empfehlung:	Grundrezept 1	› S. 34
Grundsauce:	Milde Tomatensauce	› S. 52
Käse-Empfehlung:	ohne	

Zutaten Belag: 300 g Putenmedaillons • kleine Dose Mais • 150 g Champignons • je 1 rote und grüne Paprika • 100 g ungesalzene Cashewkerne • 50 g Kokosflocken

Weitere Zutaten: Sesamöl • 1 EL milde Currypaste • 50 ml Kokosmilch • 200 g Crème fraîche, evtl. verrührt mit 50 g Kokoscreme

- Fleisch würfeln, in Öl anbraten. Mit Kokosmilch ablöschen, Currypaste zugeben und Flüssigkeit reduzieren.
- Paprika in Ringe, Champignons in Scheiben schneiden.
- Den Pizzateig nach dem Grundrezept herstellen, mit der Tomatensauce bestreichen. Pizza 8 Minuten vorbacken.
- Gemüse und Fleisch auf der Pizza verteilen, weiterbacken.
- Kurz vor Ende der Backzeit Cashewkerne und Kokosflocken über die Pizza streuen.
- Vor dem Servieren Crème fraîche nach Belieben zugeben.

Pizza Feta

230 °C

15–20

Teig-Empfehlung:	Grundrezept 2	› S. 38
Grundsauce:	Würzige Pizzasauce	› S. 50
Käse-Empfehlung:	Schafskäse (Feta)	
Zutaten Belag:	350 g Brokkoli • 200 g Champignons • 200 g grüne Oliven • schwarzer Pfeffer • 600 g Feta	

Auf dieser pikanten Pizza spielt in Salzlake gereifter Schafskäse die Hauptrolle. Der Name Feta bedeutet auf Griechisch „Scheibe" – in dieser Form reift der Käse in der Lake. Für ein Blech Pizza rechnet man etwa 2 Scheiben dieses Käses.

- Den Pizzateig nach dem Grundrezept herstellen und mit der Pizzasauce bestreichen.
- Brokkoliröschen blanchieren (siehe S. 93), Champignons in Scheiben schneiden.
- Die Pizza mit Pilzen, Brokkoli, Oliven und gewürfeltem Käse belegen und backen.

Pizza India

250 °C

15

Teig-Empfehlung:	Grundrezept 1	› S. 34
Grundsauce:	Milde Tomatensauce	› S. 52
Käse-Empfehlung:	Gouda	
Zutaten Belag:	400 g Putenschnitzel • 300 g Ananas-stückchen	
Weitere Zutaten:	2 EL Sesamöl • Madras-Curry • schwarzer Pfeffer	

Die Art des Currys entscheidet hier über den Schärfegrad der Pizza, Madras-Curry gibt es von mild bis sehr scharf.

- Den Pizzateig nach dem Grundrezept herstellen und mit der Tomatensauce bestreichen.
- Fleisch im Öl von beiden Seiten je 1 Minute anbraten.
- Anschließend mit Curry und Pfeffer würzen.
- Die Schnitzel in Streifen schneiden und mit den Ananasstücken auf der Pizza verteilen.
- Geriebenen Käse auf die Pizza geben und nach Geschmack weiteren Curry darüberstreuen.
- Die Pizza backen.

Pizza Oriental

230 °C

15–20

Teig-Empfehlung:	Grundrezept 2	› S. 38
Grundsauce:	Milde Tomatensauce	› S. 52
Käse-Empfehlung:	Ziegenfrischkäse	
Zutaten Belag:	6 frische Feigen • 150 g grüne Oliven • 200 g Kalbsschinken • 1 rote Zwiebel • 4–6 EL flüssiger Honig • 300 g Ziegenfrischkäse	

Diese Pizza besticht durch die Verbindung von frischen Feigen, süßem Honig und würzigem Ziegenfrischkäse. Der Kalbsschinken kann durch Rinderschinken ersetzt werden.

- Den Pizzateig nach dem Grundrezept herstellen und mit der Tomatensauce bestreichen.
- Feigen und Zwiebel in Spalten schneiden.
- Pizza mit Feigen, Zwiebeln, Schinken und Oliven belegen.
- Die Pizza etwa zehn Minuten backen.
- Ziegenkäse auf der Pizza verteilen.
- Honig über die Pizza träufeln.
- Die Pizza fertig backen.

Pizza Arabica

250 °C

15–20

Teig-Empfehlung:	Grundrezept 1	› S. 34
Grundsauce:	Milde Tomatensauce	› S. 52
Käse-Empfehlung:	Gouda	

Zutaten Belag: 250 g Rinderhack • 5 Tomaten • je eine kleine grüne, rote und gelbe Paprika • 4 Peperoncini • 120 g grüne Oliven

Weitere Zutaten: 1 Knoblauchzehe • Öl

- Den Pizzateig nach dem Grundrezept herstellen und mit der Sauce bestreichen.
- Rinderhack mit zerdrücktem Knoblauch in Öl braten.
- Tomaten entkernen und in Scheiben schneiden.
- Paprika in kleine Stücke schneiden, Peperoncini in Ringe schneiden.
- Hackfleisch auf der Pizza verteilen, geriebenen Käse darüberstreuen.
- Etwa zehn Minuten backen.
- Die Pizza aus dem Ofen nehmen. Tomate, Paprika, Oliven und Peperoncini auflegen.
- Die Pizza fertig backen.

Pizza-Snacks

Focaccia

250 °C

10–15

Teig-Empfehlung:	Grundrezept 2	› S. 38

Zutaten für	5 EL Olivenöl • 1 TL grobes Meersalz •
ca. 35 Stück:	2 EL frische Rosmarinnadeln

Das Fladenbrot Focaccia kann als Vorläufer der Pizza gelten und ist vor allem in der Toscana seit Jahrhunderten beliebt. Die Fladen gibt es in unterschiedlichen Varianten – manchmal auch gefüllt. Als Klassiker gilt Focaccia mit frischem Rosmarin.

- Hefeteig nach dem Grundrezept herstellen und zu kleinen, etwa 5 mm dicken Kreisen auswalzen.
- Die Teigstücke auf ein mit Backpapier ausgelegtes Blech legen und dann noch einmal 20 Minuten abgedeckt gehen lassen.
- Mit den Fingern kleine Dellen in die Teigstücke drücken. Rosmarinnadeln grob hacken, erst mit Meersalz und dann mit dem Olivenöl vermischen.
- Die Teigstücke mit der Ölmischung bestreichen und goldgelb backen.

Ricotta-Rucola-Pizzette

250 °C

15

Teig-Empfehlung:	Grundrezept 2	› S. 38

Zutaten für:	1 Packung passierte Tomaten (250 ml)
ca. 35 Stück	• Salz • Pfeffer • 1 TL getrockneter Majoran • 250 g Ricotta • 1 EL Sahne • Salz • Pfeffer • $^1/_2$ Bund Basilikum • 100 g Rucola

- Hefeteig ausrollen und kleine Kreise von 6–8 cm Durchmesser ausstechen (z.B. mit einem Glas).
- Die Tomaten in eine Schüssel geben und mit Salz, Pfeffer und Majoran würzen.
- Ricotta-Käse und Sahne verrühren, mit Salz und Pfeffer abschmecken. Basilikum waschen, trockenschleudern, fein hacken und unter die Käsecreme mischen.
- Die Pizzaböden auf ein mit Backpapier ausgelegtes Backblech legen und jeweils dünn mit etwas Tomatenpüree bestreichen. Darauf mit einem Esslöffel je einen Klecks Ricottacreme geben und etwas verteilen.
- Pizzen im vorgeheizten Backofen backen – der Boden sollte schön kross sein.
- In der Zwischenzeit Rucola waschen, trockenschleudern und harte Stiele abknipsen. Rucola in grobe Stücke zerpflücken. Die Blätter auf den fertigen Pizzen verteilen.

Pizzataschen

250 °C

20

Teig-Empfehlung:	Grundrezept 1	› S. 34

Zutaten für ca. 12 Stück:	150 g tiefgekühlte Erbsen • 50 g frische Champignons • 1 mittelgroße Zwiebel • 100 g gekochter Schinken • Olivenöl • 1 kleine Dose passierte Tomaten • Salz • Pfeffer • 1 EL getrocknete italienische Kräuter • 50 g geriebener Käse

Diese Pizzataschen können beliebig gefüllt werden – ob mit Gemüsen, Speck und Zwiebeln oder verschiedensten Käsesorten. Diese Füllung enthält Gemüse und Schinken.

- Hefeteig nach dem Grundrezept herstellen und zu einem Rechteck (ca. 20 x 50 cm) ausrollen.
- Erbsen auftauen. Pilze würfeln.
- Zwiebel fein würfeln, Schinken in kleine Stücke schneiden und beides in Olivenöl andünsten. Pilze, Erbsen, Tomaten und Gewürze zugeben, 2 Minuten köcheln lassen.
- Die Gemüsemischung auf dem Pizzateig verteilen. Den Teig zu einer Rolle wickeln. Diese in ca. 4 cm breite Stücke schneiden. Die einzelnen Stücke mit etwas Olivenöl bepinseln und mit Käse bestreuen.
- Die Pizzataschen goldbraun backen.

Pizza Bruschetta

250 °C

10–15

Teig-Empfehlung:	Grundrezept 2	› S. 38

Zutaten: 1 kg Fleischtomaten • Schalotten • Olivenöl • Salz • Pfeffer • 50 g Parmesan • Basilikum

- Hefeteig nach dem Grundrezept herstellen und einen Pizzaboden backen. Anschließend den Boden in kleine Stücke schneiden, z.B. in Achtel oder Streifen.
- Die Tomaten waschen, halbieren und entkernen. Anschließend in kleine Stücke würfeln.
- Die Schalotten schälen und sehr fein würfeln.
- Tomaten und Schalotten miteinander vermengen. Olivenöl darübergeben und mit Salz und Pfeffer abschmecken.
- Die vorbereiteten Tomaten auf den Teigstücken verteilen.
- Parmesan in dünne Scheiben hobeln und über die Tomaten geben.
- Basilikumblätter auf die Parmesanstücke legen und eventuell noch einmal nachpfeffern.

Pizzazöpfe

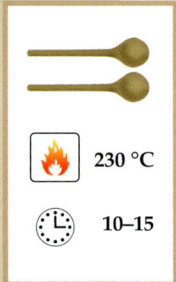

230 °C

10–15

Teig-Empfehlung:	Grundrezept 1	› S. 34

Zutaten für 12 Stück:	80 g Speckwürfel • 3 EL Tomatenmark • 4 EL passierte Tomaten • Salz • Pfeffer • 1 EL getrocknete italienische Kräuter

- Den Hefeteig nach dem Grundrezept 1 zubereiten.
- Den Speck in einer Pfanne anbraten.
- Tomatenmark und passierte Tomaten glatt rühren und mit Salz, Pfeffer und Kräutern würzen.
- Die Speckwürfel unterrühren.
- Den Hefeteig in 12 Stücke teilen. Jedes Teil erneut dreimal teilen. Die Stückchen zu dünnen Rollen formen und immer drei Rollen zu einem Zopf flechten.
- Die Zöpfe auf ein mit Backpapier ausgelegtes Backblech legen und mit einem Esslöffel die Tomaten-Speckpaste daraufstreichen.
- Die Pizzazöpfe backen. Sie schmecken warm und kalt.

Minischnecken

230 °C

6–8

| Teig-Empfehlung: | ¹/₂ Grundrezept 1 | › S. 34 |

Zutaten für ca. 25 Stück: 2 EL Tomatenmark • 4 EL passierte Tomaten • Salz • schwarzer Pfeffer • 1 Zweig Salbei • 50 g roher Schinken in dünnen Scheiben • 100 g geriebener Mozzarella • 1 Eigelb • 1 TL Olivenöl

- Den Hefeteig mit der Hälfte der Zutaten nach Grundrezept 1 zubereiten.
- Tomatenmark und passierte Tomaten miteinander verrühren, salzen und pfeffern. Die Salbeiblätter von den Stielen zupfen und grob hacken.
- Den Hefeteig in zwei Teile teilen und jeweils zu einem etwa 30 x 20 cm großen Rechteck ausrollen. Beide Teigplatten dünn mit Tomatenpaste einstreichen, an den langen Seiten etwa 2 cm frei lassen.
- Mit Schinken belegen, Salbei und Käse darüberstreuen.
- Die Teigstücke jeweils zur Rolle aufwickeln und in je etwa 12 Stücke schneiden.
- Die Schnecken auf ein mit Backpapier belegtes Blech setzen, dabei leicht zusammendrücken. Ei und Öl verquirlen und auf die Teigränder streichen.
- Die Schnecken goldgelb backen.

Pizzahörnchen

230 °C

6–8

Teig-Empfehlung: ¹/₂ Grundrezept 1   › S. 34

Zutaten für 8 Stück: 100 g Pesto (aus dem Glas) • 20 g Pinienkerne • 1 Eigelb • 1EL Olivenöl • 1 Msp. Zucker

Ganz schnell gemacht – zum Beispiel auch aus Hefeteigresten – sind kleine Hörnchen, die mit Pesto gefüllt sind. Als Variation kann man zusätzlich Pinienkerne oder grob gehackte Walnüsse mit in die Hörnchen füllen.

- Den Hefeteig in 8 Stücke teilen und diese jeweils zu etwa 12 x 12 cm großen Quadraten ausrollen.
- Die einzelnen Teigstücke dann mit Pesto bestreichen und eventuell mit gehackten Nüssen bestreuen.
- Nun die Teigstücke über die Ecke diagonal aufrollen und zu einem Hörnchen biegen.
- Eigelb, Olivenöl und Zucker gut miteinander verrühren.
- Die Hörnchen auf ein mit Backpapier ausgelegtes Blech setzen, dabei die Enden leicht zusammendrücken. Mit der Ei-Öl-Mischung bepinseln und mit einigen Pinienkernen bestreuen.
- Die Hörnchen goldgelb backen.

Mini-Panini

230 °C

8

Teig-Empfehlung:	$^1/_2$ Grundrezept 1 › S. 34

Zutaten für ca. 20 Stück: 1 Ei • 1 TL Olivenöl • 1 TL Zucker • Sesamsaat • Schwarzkümmel oder Mohn

- Aus dem Pizzateig 20 kleine Kugeln formen und auf ein mit Backpapier ausgelegtes Backblech setzen.
- Ei, Olivenöl und Zucker in einem Schälchen verrühren und die Pizzabrötchen damit bestreichen.
- Dann nach Geschmack mit Sesam, Schwarzkümmel oder Mohn bestreuen und backen.

Tipp: Man kann den Paniniteig auch in kleine Muffin-förmchen setzen – so erhalten die Brötchen eine einheitliche Größe.

Ei-Kaviar-Pizzette

230 °C

6–8

| Teig-Empfehlung: | ¹/₂ Grundrezept 2 | › S. 38 |

Zutaten für
30 Pizzette:

1 EL weiche Butter • 170 g Crème fraîche • 1 TL mittelscharfer Senf • 6 Eier • 1 Döschen Kaviar

Diese Pizza-Plätzchen bieten sich als Fingerfood-Häppchen fürs Party-Büffet an. Anstatt echtem Kaviar kann man auch Kaviar-Ersatz wie Forellenkaviar verwenden.

- Den Hefeteig wenige Millimeter dünn ausrollen und runde Plätzchen von etwa 5 cm Durchmesser ausstechen.
- Butter schmelzen (15 Sek. bei 200 Watt in der Mikrowelle).
- Die Plätzchen auf ein mit Backpapier ausgelegtes Backblech setzen und mit Butter bepinseln.
- Die Plätzchen backen und anschließend auf einem Kuchengitter abkühlen lassen.
- Eier 8 Minuten kochen, abschrecken und abkühlen lassen. Anschließend in dünne Scheiben schneiden.
- Schmand und Senf miteinander verrühren und die Plätzchen damit bestreichen.
- Auf jedes Plätzchen eine Eischeibe legen, und darauf einen kleinen Klecks Kaviar tupfen.

Pizzazungen

230 °C

8–10

Teig-Empfehlung: $^1/_2$ Grundrezept 2 › S. 38

Zutaten für 8 Stück: 2 Paprikaschoten (gehäutet) • 2 Fleisch-tomaten (gehäutet) • 2 EL Olivenöl • 1 Knoblauchzehe • je $^1/_2$ TL Paprika-pulver edelsüß und scharf • 1 Msp. gem. Kreuzkümmel • 1 EL glatte Peter-silie, gehackt • Salz • schwarzer Pfeffer

Die Paste für die Pizzazungen kommt aus Marokko und heißt dort Chermula. Soll es ganz schnell gehen, kann man auf die südosteuropäische Variante Ajvar zurückgreifen – diese gibt es fertig im Glas zu kaufen.

- Paprika und Tomaten klein schneiden.
- Olivenöl in einer Pfanne erhitzen, die Gemüsestücke hin-eingeben und andünsten.
- Knoblauchzehe hinzupressen und alle Gewürze sowie die Petersilie hinzugeben.
- Das Gemüse im eigenen Saft etwa 15 Minuten schmoren, bis die Flüssigkeit weitgehend verdampft ist.
- Den Pizzateig in acht Stücke teilen, diese nicht zu dünn ausrollen und auf ein mit Backpapier belegtes Blech legen.
- Die Teigstücke mit Gemüsepaste bestreichen und backen.

Salami-Muffins

230 °C

10–12

Teig-Empfehlung:	Grundrezept 2	› S. 38

Zutaten für
12 Stück:

3 EL Tomatenmark • 8 EL passierte Tomaten • 80 g Salami (dicke Scheiben) • 2 EL Kapern • 80 g entsteinte schwarze Oliven • 1 TL frische Oreganoblättchen (oder TL getrockneter Oregano) • Salz • Pfeffer • 100 g geriebener Emmentaler

- Tomatenmark und passierte Tomaten verrühren.
- Salami fein würfeln und mit den Kapern in die Tomatensauce geben.
- Oliven klein schneiden, Oregano fein hacken und ebenfalls zu den Tomaten geben. Mit Pfeffer und Salz würzen.
- Den Hefeteig in 12 Stücke teilen, diese zu Kugeln formen und dann zu Kreisen von etwa 8 cm Durchmesser flachdrücken.
- Muffinblech mit Öl einfetten und mit den Teigstücken auslegen. Jeweils etwas Tomatenpaste in die Teigschalen füllen und geriebenen Käse darüberstreuen.
- Backen, anschließend noch 2 Minuten in der Form lassen und erst dann herausheben.

Pizza-Variationen

Pizza-Traditionen

Weltweite Verbreitung

So vielfältig die Pizzarezepte sind, die man auf den Speisekarten der italienischen Pizzerien findet, so zahlreich sind die Varianten, die sich rund um den Globus finden. Denn, wenn man dünne Fladenbrote als Grundlage der Pizza nimmt, so hat im Prinzip jede Kultur rund um den Globus, in der Ackerbau betrieben wird und in der es demnach Brot gibt, ihre eigene „Pizza-Tradition".

Das Fladenbrot zählt zu den ältesten Formen zubereiteten Essens überhaupt: Schon 5000 Jahre vor Christus backten die Ägypter und Sumerer ihren Getreidebrei auf Stein zu dünnen Broten. Und auch in Europa ist die Herstellung von Fladenbrot aus verschiedenen zerquetschten Getreidesorten wie Hirse oder Weizen, schon aus dem 3. Jahrtausend v. Chr. belegt. Dabei war das Brot nicht nur allein zum Essen da, sondern diente auch – anstelle von Tellern – als Unterlage für andere Gerichte. Diesen zunächst also erstmal ganz praktischen

Nutzen könnte man quasi als Beginn der internationalen Pizza-Kultur bezeichnen.

Fladenbrote werden nicht nur aus den unterschiedlichsten Getreidesorten gebacken, sondern sind auch unterschiedlich dick, manche knusprig, andere weich. So kennt man beispielsweise in Indien die dicken und weichen Fladen namens Nan, aber auch dünne Chapati und – meist scharf gewürzte – hauchdünne Papadam. Aus den USA kennt man die pfannkuchenartigen Tortillas, die aus Weizen- oder Maismehl zubereitet werden und aus dem arabischen Raum Fladen, die zwar dünn sind, aber zu Taschen geöffnet werden können. Sowohl diese Variante als auch die amerikanische werden mit Fleisch oder Gemüsefüllungen angeboten und avancieren so von der Brotbeilage zum Hauptgericht.

Neben der türkischen Pizza kennt man in der Türkei die dickeren Fladenbrote Pide, verwandt mit der dünneren griechischen Variante Pita. Pita nennt man das Fladenbrot auch in Israel, dort gibt es zudem noch eine ungesäuerte Variante, die Matze. Eine Woche lang verzehrt man während des jüdischen Familienfestes Pessach diese ungesäuerten Brote, man nennt das Fest daher auch „Fest der ungesäuerten Brote".

In Skandinavien sind die Fladenbrote häufig besonders kross: Das berühmteste ist sicherlich das schwedische Knäckebrot, und auch die isländische Spezialität Laufabraud ist

sehr knusprig. Diese auch Blätter- oder Laubbrot genann-
ten Fladen sind so dünn, dass man fast hindurchsehen
kann. Sie werden zu Weihnachten gemacht und in sieden-
dem Fett – traditionell Lammfett – frittiert, anschließend
presst man das Fett mit einem Holzbrett aus dem Brot her-
aus. Das besondere an diesem Fladen sind die Verzierun-
gen: Kunstvolle Muster werden durch Einschneiden und
Umklappen erzeugt und verwandeln die Fladen in regel-
rechte Kunstwerke.

Die polnische Variante Podpłomyk wird mit Belag gebacken und ähnelt so dem elsässischen Flammkuchen. Diese – weit über die Grenzen des Elsass hinaus – beliebte Spezialität sowie die türkische Pizza werden in diesem Kapitel
gesondert mit Rezepten vorgestellt.

Lahmacun – Türkische Pizza

Aus der Türkei bekannt ist die türkische Pizza Lahmacun. Der Name bedeutet Fleisch mit Teig und weist bereits auf den Belag hin: Ein dünnes Fladenbrot aus Hefeteig wird vor dem Backen dünn mit einem würzigen Ragout aus Hackfleisch, Tomaten und Zwiebeln bestrichen. Diese Pizza kennt man auch in anderen Regionen des Nahen Ostens und im arabischen Raum, wo sie „Lahm bi-Adschin" heißt.

Türkische Pizza wird wie ihre italienische Schwester auch meist im Steinofen gebacken. Als kleinen Imbiss isst man sie meist direkt warm aus der Hand. Die Pizza wird traditionell nur noch mit Petersilie, Zwiebelwürfeln, einem Stück Zitrone und häufig auch mit dem scharfen Gewürz Pul Biber serviert. Damit das Essen aus der Hand leichter fällt, faltet oder rollt man die Pizza zusammen.

Auch wenn es nicht den Essgewohnheiten des Heimatlandes der türkischen Pizza entspricht: Inzwischen hat sich vielerorts – wie zum Beispiel in Deutschland – eine Variante durchgesetzt, bei der etwas gemischter Salat mit in die Pizza eingerollt wird. Dazu zählen neben Krautsalat auch Gurkenscheiben und frische Tomatenstücke. Getoppt wird das Ganze dann oft noch mit einer Joghurt-Knoblauch-Sauce.

Lahmacun

240 °C

10–15

Teig-Empfehlung:	Grundrezept 2	› S. 38

Zutaten: 3 mittelgroße Zwiebeln • 3 Knoblauchzehen • 1 Bund glatte Petersilie • 250 g
Lammhackfleisch (oder Rinderhack) •
3 EL Tomatenmark • 2 TL gemahlener
Kreuzkümmel • 1 TL edelsüßes Papri-
kapulver • frisch gemahlener Pfeffer •
Salz • Olivenöl

- Den Hefeteig nach dem Grundrezept zubereiten.
- Zwiebeln und Knoblauch fein würfeln.
- Petersilie fein hacken.
- Hackfleisch gründlich mit Zwiebeln, Knoblauch, Peter-
silie, Tomatenmark, einigen Tropfen Olivenöl und den
Gewürzen vermischen.
- Den Hefeteig halbieren und jede Hälfte zu großen ovalen
Fladen auswalzen. Zwei Backbleche mit Öl einpinseln,
die Fladen darauflegen und dünn mit der Fleischmasse
bestreichen.
- Die Fladen bei 240 °C 10–15 Minuten backen, bis sich der
Rand goldbraun färbt.

Lahmacun mit Salat

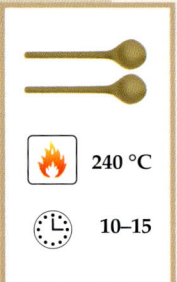

240 °C

10–15

Dies ist die in Deutschland beliebte Variante der türkischen Pizza mit Salat und Cacik. Cacik heißt die türkische Joghurt-Sauce. Sie schmeckt mit frischer Minze besonders erfrischend. Krautsalat und Cacik kann man gut vorbereiten – beide sollten durchgezogen sein. Die Pizza wird nach dem Rezept auf der vorigen Seite gebacken, in der Zwischenzeit bereitet man die anderen Salatzutaten vor.

Zutaten für den Krautsalat:	$^1/_4$ Kopf fein gehobelter Weißkohl • 100 ml Gemüsebrühe • 3 EL Apfelessig • 1 EL Rapsöl • Pfeffer • Salz
Weitere Zutaten:	1 Eisbergsalat • 4 kleine Tomaten • Salatgurke
Für die Sauce:	$^1/_2$ Salatgurke • 2 Knoblauchzehen • 250 g türkischer oder griechischer Joghurt (10 % Fett) • 1 EL Zitronensaft • 1 Bund Dill • 1 Bund frische Minze • Salz

• Für den Krautsalat den Kohl mit warmer Brühe, Essig und Öl übergießen, mit Salz und Pfeffer würzen und mehrere Stunden durchziehen lassen.

- Für das Cacik die Gurke längs entkernen und fein raspeln. Kräuter fein hacken, Knoblauch pressen und mit Joghurt und Zitronensaft verrühren. Mit Salz abschmecken.
- Den Eisbergsalat in feine Streifen, die Tomaten in Würfelchen und die Gurke in dünne Scheiben schneiden.
- Die gebackene Pizza mit Krautsalat, Gurken, Tomaten und Eisbergsalat belegen, darüber Joghurtsauce verteilen.

Elsässer Flammkuchen

Er ist dünn, knusprig, vielseitig, wird im Holzofen gebacken und ist doch keine Pizza: der Flammkuchen, eine elsässische Spezialität. Was früher als Arme-Leute-Essen galt, ist heute eine weit über die Region hinaus beliebte Variante eines Fladens, der traditionell auf einem Holzbrett serviert wird.

Zur Entstehung des Flammkuchens kursieren verschiedene Geschichten. Nach einer sollen die Bäuerinnen im Elsass bereits im 17. Jahrhundert nach dem Brotbacken die Reste des Brotteigs flach gedrückt und mit Rahm bestrichen in der Restwärme des Ofens gebacken haben, also in den letzten Flammen des Feuers. Eine andere Version erzählt, dass der Flammkuchen vor dem Brot in den Ofen geschoben wurde, um die Temperatur des Backofens zu prüfen: Waren die Flammkueche, wie sie im Elsass heißen, nach zwei Minuten fertig, so hatte der Ofen die richtige Temperatur zum Backen des Brotes erreicht.

Ganz gleich, wie diese Spezialität entstanden sein mag: Heute ist sie aus dem Elsass nicht mehr wegzudenken. Am bekanntesten und nach wie vor am beliebtesten ist die Urform des knusprig zarten Fladens: mit Rahm bestrichen und mit Speck und Zwiebeln bestreut. Doch ähnlich wie bei der Pizza haben sich auch beim Flammkuchen zahlreiche neue Varianten entwickelt. So findet man heute auf den Speisekarten von vegetarischen

Varianten mit frischem Gemüse oder Pilzen über Gourmet-Angebote mit Lachs oder Shrimps bis hin zu süßen Flammkuchen mit Äpfeln oder Nüssen fast alles, was das kulinarische Herz begehrt – ob zur Vor-, Haupt- oder Nachspeise.

Die Tarte Flambée, wie sie auf Französisch genannt wird, gilt bei vielen Schleckermäulern übrigens als weniger „sündig" als die Pizza, da sie ohne gehaltvollen Käsebelag auskommt. Allerdings können sich natürlich auch in üppigen Flammkuchen-Belägen viele Kalorien verstecken. Der dünne Boden ist kein Hefeteig, sondern wurde nach alter Tradition aus verschiedenen Mehlsorten zubereitet – heute wird zumeist nur Weizenmehl verwendet. Zu einem rustikalen Flammkuchen-Essen passt am besten ein frischer Wein, im Herbst wird gern Federweißer dazu getrunken.

Tarte Flambée

250 °C

10–15

Für den Teig:	330 g Weizenmehl • $1/2$ TL Salz • 180 ml Wasser • 3 EL neutrales Öl (z.B. Sonnenblumenöl) • Fett fürs Blech
Für den Belag:	200 g Crème fraîche • 2 Zwiebeln (ca. 100 g) • 200 g durchwachsener Speck • Salz • Pfeffer

Die Teigmenge reicht, um 2 große ovale Flammkuchen für zwei Bleche auszurollen. Diese reichen als Hauptgericht für zwei Personen. Als Zwischengericht kann man vier Fladen mit dieser Rezeptur zubereiten.

- Mehl, Salz, Wasser und Öl mit dem Mixer vermengen, dann mit den Händen zu einem glatten Teig kneten.
- In Frischhaltefolie wickeln und 30 Minuten ruhen lassen.
- Zwiebeln und Speck in kleine Würfel schneiden.
- Den Teig halbieren und zwei ovale Fladen ausrollen.
- Die Fladen auf dem Blech jeweils dünn mit Crème fraîche bestreichen; Zwiebeln und Speck aufstreuen.
- Im vorgeheizten Backofen auf höchster Stufe (250 °C) etwa 10–15 Minuten backen, bis der Teig goldbraun ist.
- Frischen Pfeffer darübermahlen und nach Geschmack noch etwas salzen.

Flammkuchen-Variationen

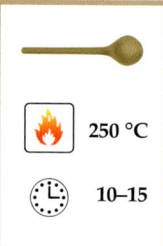

250 °C

10–15

Flammkuchen zu backen ist nicht nur einfach, sondern geht auch recht schnell – wenn man einmal von der Ruhezeit für den Teig absieht. Aber in dieser halben Stunde lässt sich sehr gut der Belag zubereiten – und dieser kann immer wieder anders ausfallen. Hier einige Varianten:

Schinken-Champignon
Den Boden mit Crème fraîche bestreichen und darauf 150 g in Streifen geschnittenen Kochschinken und 50 g klein geschnittene Champignons und Zwiebelringe (1 Zwiebel) verteilen. Salzen und pfeffern.

Kräuterquark
Die Crème fraîche durch 200 g Quark (40 %) ersetzen. Diesen mit 50 ml Sahne anrühren und mit Zwiebelwürfelchen, frischen gehackten Kräutern (z.B. Schnittlauch und Petersilie) und Pfeffer würzen.

Süße Frucht
Teig mit nur einer Prise Salz zubereiten. Äpfel oder Birnen in Spalten schneiden und auf der Crème-fraîche-Schicht verteilen. Mit Zimt und Zucker und nach Geschmack auch Mandel- oder Haselnussblättchen bestreuen und nach dem Backen am Tisch mit Calvados oder Birnengeist flambieren.

Teig-Varianten

Wenn es schnell gehen soll, und der klassische Pizza-Hefe-teig zu lange dauert, kann man alternative Pizzen auch mit anderen Teigarten zubereiten. Eine beliebte Alternative zum Hefeteig stellt Quark-Ölteig dar. Besonders schnell lässt sich ein pikanter Blechkuchen mit Blätterteig zubereiten, da man tiefgekühlten Fertigteig verwenden kann. Mürbeteig verwandelt die Pizza in eine Tarte – besonders fein schmeckt diese, wenn man den Teig mit Butter zubereitet.

Quark-Ölteig

150 g Quark • 6 EL Öl • 6 EL Milch • 1 Prise Salz • 300 g Mehl • 1 Pck. Backpulver

Den Quark, falls sehr feucht, gut abtropfen lassen. Dann mit Öl und Milch verrühren. Mehl und Backpulver mischen und mit dem Salz in die Quarkmasse rühren. Anschließend den Teig mit den Händen kneten, bis er gleichmäßig glatt ist. Nun kann er ausgerollt auf ein gefettetes Backblech gelegt und wie eine Hefeteig-Pizza belegt werden. Gebacken wird diese dann bei 180 °C (160 °C Umluft) 20–25 Minuten.

Blätterteig

Blätterteig selbst herzustellen, ist überaus aufwendig und nicht der Mühe wert, da es ausgezeichnete Fertigteige zu kaufen gibt. Es gibt sie tiefgefroren entweder in der passenden Größe für ein Backblech oder aber in kleineren, rechteckigen Platten. Diese kann man einzeln belegen und bekommt so etwa sechs bis acht Stücke auf ein Blech. Blätterteig muss nicht aufgetaut werden, sondern kommt direkt aus der Packung auf das mit Backpapier ausgelegte Blech. Man sollte die Teigplatten nicht zu schwer belegen, damit sie beim Backen noch gut aufgehen können. Blätterteigpizza wird im vorgeheizten Backofen bei 220 °C Ober-/Unterhitze (keine Umluft) etwa 20 Minuten gebacken.

Mürbeteig

400 g Mehl • $1/2$ TL Salz • 250 g Butter • 1 Ei • 1 Eigelb • Fett für die Form • Mehl zum Ausrollen

Mehl und Salz mischen, die Butter in kleinen Stückchen und die Eier dazugeben und alles mit der Küchenmaschine zügig zu einer homogenen Masse verarbeiten. Mit den Händen zu einer festen Teigkugel formen und diese in Frischhaltefolie gewickelt 30 Minuten in den Kühlschrank legen. Anschließend den Teig auf einer bemehlten Arbeitsfläche passend ausrollen oder direkt auf das gut gefettete Backblech legen und flach drücken. Im vorgeheizten Backofen bei 250 °C auf der untersten Schiene 5 Minuten vorbacken. Dann belegen und noch einmal etwa 10 Minuten backen.

Sachregister

Rezepte der Rezepte

Bildquellen

Konzeption & Realisation: Medien Kommunikation, Tobias Pehle, Unna, Germany (www.medien-kommunikation.de)

Fotografie: Medien Kommunikation, Unna, Germany; bis auf: S. 14: Paolo Magari; S. 17: Sami Kaeinaemen; S. 274, 277: Ariane Hackstein; S. 276: Dynamosquito; S. 284: Timo W2S

Redaktion: Yara Hackstein (Ltg.), Carola Struck

Herstellung: Mathias Hinkerode (Ltg.)

Für die Unterstützung bedanken wir uns bei: De Lucia's Pizzeria, Unna

Schlüsselfiguren
der
Weltgeschichte

GEDANKEN, TATEN UND WERKE
VON DER ANTIKE BIS HEUTE

Jürgen Brück
Geschichte und Politik

Dr. Joachim Gartz
Kunst und Kultur

Mark Schubert
Religion und Philosophie
Wirtschaft und Naturwissenschaften

Compact Verlag

© 2008 Compact Verlag München
Alle Rechte vorbehalten. Nachdruck, auch auszugsweise,
nur mit ausdrücklicher Genehmigung des Verlages gestattet.
Chefredaktion: Dr. Angela Sendlinger
Redaktion: Dr. Matthias Feldbaum
Produktion: Wolfram Friedrich
Titelabbildung: dpa Picture-Alliance (1), Lidman Production, Stockholm (2)
von links nach rechts: Alexander der Große; Ludwig van Beethoven; Elisabeth I.
Gestaltung: Axel Ganguin
Umschlaggestaltung: Axel Ganguin

ISBN: 978-3-8174- 6412-8
5464121

Besuchen Sie uns im Internet: www.compactverlag.de